| 世界技能大赛
文献系列丛书

世界技能大赛
官方文件合集
（中文版）

世界技能大赛中国（天津）研究中心　组织编写

张瑞　译

中国人力资源和社会保障出版集团

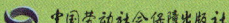 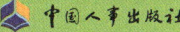

图书在版编目（CIP）数据

世界技能大赛官方文件合集：中文版/世界技能大赛中国（天津）研究中心组织编写；张瑞译．--北京：中国劳动社会保障出版社：中国人事出版社，2022

（世界技能大赛文献系列丛书）

ISBN 978-7-5167-5496-2

Ⅰ．①世…　Ⅱ．①世…②张…　Ⅲ．①职业技能-竞赛-文件-汇编-世界　Ⅳ．①C975

中国版本图书馆CIP数据核字（2022）第146703号

中国劳动社会保障出版社
中国人事出版社　出版发行

（北京市惠新东街1号　邮政编码：100029）

*

三河市华骏印务包装有限公司印刷装订　新华书店经销

880毫米×1230毫米　16开本　9印张　137千字
2022年9月第1版　2022年9月第1次印刷
定价：36.00元

读者服务部电话：（010）64929211/84209101/64921644
营销中心电话：（010）64962347
出版社网址：http://www.class.com.cn

版权专有　　侵权必究

如有印装差错，请与本社联系调换：（010）81211666
我社将与版权执法机关配合，大力打击盗印、销售和使用盗版图书活动，敬请广大读者协助举报，经查实将给予举报者奖励。

举报电话：（010）64954652

前言

世界技能大赛是最高层级的世界性职业技能赛事，被誉为"世界技能奥林匹克"，其竞技水平代表了职业技能发展的世界先进水平。世界技能大赛之所以成功，得益于世界技能组织所建立的一套科学的管理文件体系，主要包括4个文件：《章程》（Constitution）、《议事规则》（Standing Orders）、《竞赛规则》（Competition Rules）和《道德与行为准则》（Code of Ethics and Conduct）。同时，世界技能组织按竞赛周期对文件进行更新，保证其适用于当届比赛情况，有利于促进世界技能大赛健康、可持续发展。

我国于2010年10月加入世界技能组织，自2011年起连续参加第41届～第45届世界技能大赛，参赛项目数、参赛人数、奖牌数持续攀升，特别是在第44、45届世界技能大赛中，均位列金牌榜、奖牌榜、团体总分榜首位，在国际技能舞台上充分展示了我国青年人才的技能水平和精神风貌，为祖国和人民赢得了荣誉。党的十八大以来，我国逐步形成了以世界技能大赛为引领、中华人民共和国职业技能大赛为龙头、全国行业职业技能大赛和地方各级职业技能竞赛以及专项赛为主体、企业和院校职业技能比赛为基础的、具有中国特色的职业技能竞赛体系，广泛开展各级各类职业技能竞赛活动，实现以赛促学、以赛促训、以赛促评、以赛促奖。

为进一步借鉴世界技能大赛经验，促进我国职业技能竞赛体系健康发展，世界技能大赛中国（天津）研究中心（以下简称"中心"）组织编译了《世界技能大赛官方文件合集（中文版）》，希望文件的编译出版在丰富我国世界技能大赛研究资源、促进世界技能大赛技术标准传播、推动世界技能大赛成果转化等方面发挥积极作用。

《世界技能大赛官方文件合集（中文版）》编译工作在中心张玉洲、徐国胜的统筹安排下进行，由张瑞编译，陈晓曦、高士晶进行了校对，杨文、郭达、余欣宁提供了建议。在此过程中，人力资源社会保障部职业能力建设司、国际合作司、中国就业培训技术指导中心、国际交流服务中心、中国人力资源和社会保障出版集团给予了指导，众多世界技能大赛专家和业界同仁给予了支持，在此表示衷心感谢。同时，由于编译者水平有限，书中难免存在不足之处，也热诚欢迎广大读者朋友提出宝贵建议。

天津职业技术师范大学
世界技能大赛中国（天津）研究中心

目　录

I	**章程**	**1**
	1. 名称与注册地	2
	2. 愿景、使命和目标	2
	3. 主管机构、常务委员会和任命的官员	3
	4. 成员资格	7
	5. 财政	8
	6. 颁奖	9
	7. 议事规则	9
	8. 翻译	9
	9. 性别	10
	10. 最终条款	10
II	**议事规则**	**11**
	1. 会议	12
	2. 投票	13
	3. 董事会的选举	14
	4. 提议	19
	5. 世界技能大赛	20
	6. 接收成员	22
	7. 财政	24

- 8. 管理机构和常务委员会的权力和职责 ········· 25
- 9. 董事会成员和任命的官员的权力和职责 ········· 27
- 10. 语言、翻译和旗帜 ········· 32
- 11. 最终裁决 ········· 33

Ⅲ 竞赛规则　35

- 1. 简介 ········· 36
- 2. 竞赛的组织 ········· 37
- 3. 举行的竞赛项目 ········· 39
- 4. 注册 ········· 48
- 5. 权限和认证 ········· 50
- 6. 人员身份 ········· 51
- 7. 竞赛项目管理 ········· 73
- 8. 技术说明 ········· 78
- 9. 基础设施清单 ········· 81
- 10. 测试项目 ········· 84
- 11. 评测与评分 ········· 92
- 12. 问题与争议解决 ········· 101
- 13. 宣传/通讯 ········· 115
- 14. 健康、安全与环境 ········· 116
- 15. 试点项目 ········· 119
- 附录　大赛重要事件和时间线 ········· 120

Ⅳ 道德与行为准则　127

- 1. 概述与影响 ········· 128
- 2. 道德准则 ········· 129
- 3. 行为准则 ········· 131

I 章程

1 名称与注册地

1.1 名称

组织名称：世界技能组织。

世界技能组织在全球范围内运行，是一个政治、宗派上中立，非营利性的国际性组织。

1.2 注册地

世界技能组织在荷兰阿姆斯特丹注册，受荷兰法律管辖。

2 愿景、使命和目标

2.1 愿景

世界技能组织的愿景为"通过技能的力量让世界更美好"。

2.2 使命

世界技能组织的使命是"提升人们对技能的认识，强调技能对经济发展和个人成就的重要性"。

2.3 目标

A. 汇集各成员的共同努力，促进组织的发展。

B. 把世界技能大赛作为促进对技能的认可和提升的主要世界性赛事。

C. 发展一个新型的现代身份、灵活的组织架构，来支持世界技能组织的全球性活动。

D. 与选定的机构、政府（行政管理机构）和非政府组织发展战略合作伙伴关系，共同为组织的目标而努力。

E. 传播信息，共享关于技能标准和组织职业能力参照标准的知识。

F. 促进组织利益相关方之间的联系网络，为技能的发展和技能创新创造新的机会。

G. 鼓励组织成员中的参与者和世界范围内的年轻人之间的技能、知识和文化的交流。

为了实现以上这些目标，世界技能组织将：

◆ 通过技能竞赛、教育和培训，技能推广，研究，职业生涯建设与国际合作，把行业、政府（行政管理机构）和教育机构联系到一起，以推动国际性的技能发展，以确保所有人的经济稳定与增长，让青年人拥有自由选择的权利；

◆ 向青年人以及他们的教师、培训者和雇主提出挑战，激励他们在商业、服务和工业领域达到世界水平的专业能力标准，提升职业教育和培训的地位；

◆ 每隔一年举办一次世界技能大赛；

◆ 通过研讨会、会议和比赛的形式，促进职业教育与培训的相关观点和经验的交流；

◆ 传播世界水平的专业能力标准；

◆ 鼓励年轻人去追求与他们职业生涯相关的继续教育和培训；

◆ 促进全球范围内职业教育和培训机构的交流和联系；

◆ 鼓励各成员的青年专业人员之间的交流。

❸ 主管机构、常务委员会和任命的官员

3.1 主管机构

世界技能组织的主管机构为全体成员大会和董事会。

3.2 常务委员会

世界技能组织的常务委员会由战略发展委员会和竞赛委员会组成。

3.3 全体成员大会

3.3.1 全体成员大会是世界技能组织的最高权力机构。全体成员大会由行政代表与

技术代表（章程 4.3 中定义）组成，代表各成员组织。每一个成员应由其一名代表行使投票权（参见议事规则"2. 投票"）。

3.3.2　全体成员大会应每年召开一次会议。大会由主席主持。全体成员大会的特别会议可随时通过理事会决议，或应财务状况良好的成员的要求召开。

3.3.3　所有会议都应提前至少四周，采用书信或电子邮件通知，并应告知处理的事宜。

3.3.4　全体成员大会的权力包括：

- 选举董事会成员（包括主席和财务主管）；
- 选择世界技能大赛与全体成员大会会议的主办方；
- 根据《荷兰民法典》规定，核准组织的年度账目，并批准／采纳经审计员审计的财务报表；
- 就董事会提交的报告、提议作出决议；
- 就未来的世界技能大赛作出决定；
- 批准新成员的加入；
- 开除成员；
- 就奖项的相关事宜作出决议；
- 审批竞赛结果；
- 审批年度费用和预算；
- 就董事会的提议，对议事规则、竞赛规则、道德与行为准则以及其他官方文件的修订进行批准；
- 就董事会的提议和章程的修订进行批准；
- 解散组织。

3.4　董事会

3.4.1　董事会由 8 名成员组成。董事会成员在组织相关事宜中具有平等的地位。董事会应向全体成员大会负责。

3.4.2　董事会成员由选举产生，一届任期 4 年，包括以下董事会成员职位：

- 1 名主席／董事会主席；

- 2名董事会成员，负责领导竞赛委员会；
- 4名董事会成员，负责领导战略发展委员会；
- 1名财务主管。

3.4.3 董事会选举每两年举行一次。选举应在两届世界技能大赛之间的偶数年度全体成员大会上进行，每两年周期选出一半的职位，具体如下：

A. 主席／董事会主席、竞赛委员会的一名董事会成员和战略发展委员会的两名董事会成员。

B. 财务主管、竞赛委员会的一名董事会成员和战略发展委员会的两名董事会成员。

注意："A"职位的第一次选举在2019年进行，仅此一次任期3年。

3.4.4 董事会成员们在全体成员大会上通过不记名投票产生，任期按照议事规则3.3中规定，担任官员任期年限为4年，任期满后将离任，并且可以重新竞选任何职位。如委员会出现空缺，将在下次全体成员大会上进行选举。在这种情况下，新任董事会成员的任期至该职位的下一次选举为止。

3.4.5 董事会每年至少应举行4次会议（面对面或者网络视频会议）。会议由主席主持。首席执行官也参加本会议，以征求意见。在董事会多数成员要求的情况下，可以随时召开董事会特别会议。所有会议的日程至少提前两周发布。

3.4.6 董事会的职责包括：

- 世界技能组织的总体责任；
- 任命首席执行官；
- 就章程的更新进行准备；
- 就议事规则和道德与行为准则的更新进行准备；
- 就战略规划和监督与首席执行官相关的活动计划进行准备；
- 就竞赛的质量实施监督；
- 协调世界技能组织的会议；
- 协调世界技能组织的会议结果以及后续报告，并向全体大会提议；
- 就由董事会成员所承担的特殊任务作出决定；
- 批准世界技能组织的年度报告；

- 根据《荷兰民法典》规定，任命审计人员；
- 决定年度账目；
- 联系其他组织；
- 接纳新成员（需全体成员大会通过，参见章程 4.2）；
- 按照议事规则 9.8 规定，任命质量审计员；
- 批准奖励（参见章程"6. 颁奖"）；
- 对竞赛主办方、全体成员大会承办方实施评估，并向全体成员大会提交相应建议；
- 成立工作组。

3.5 战略发展委员会（SDC）

战略发展委员会由行政代表组成。由负责领导战略发展委员会的董事会成员轮流主持。

战略发展委员会对所有战略发展事务进行监督，以及对实现组织的愿景、使命、宗旨和目标的支持方式进行监督。战略发展委员会负责组织成员及利益相关方的参与，并充分发挥他们的才能和能力。

3.6 竞赛委员会（CC）

竞赛委员会由技术代表组成，由负责领导战略发展委员会的董事会成员轮流主持。

竞赛委员会对技能竞赛的准备、实施和管理负有监督责任，以确保各方面的卓越质量和高标准。

3.7 首席执行官（CEO）

首席执行官由董事会任命。首席执行官的任期和条件将在与董事会签订的合同中约定。权利和责任参见议事规则 9.6。

4 成员资格

4.1 定义

成员指能够代表一个国家或地区的职业教育和培训系统的组织，并被世界技能组织所认可。

4.2 接收

董事会负责决定是否接收新成员，并必须经全体成员大会批准通过（上述接收程序应按照组织的议事规则进行）。

4.3 代表

成员代表由行政代表和技术代表组成。上述代表由成员组织自行决定任命，但必须符合成员组织要求（参见议事规则6.2），且代表应积极为世界技能组织履行代表职务、承担相应职责。

4.4 退出

4.4.1 成员可以在自然年度的年底提出退出，并需至少提前6个月以书面形式通知首席执行官。

4.4.2 成员资格终止时，成员必须清偿对组织的债务。

4.5 相关信息

如成员组织内出现可能影响其成员资格的重大变动，每个成员有义务在第一时间内告知首席执行官。

4.6 除名

4.6.1 当出现严重、多次违反组织章程、议事日程、道德与行为准则、目标，或者未能兑现财政方面的承诺，在全体成员大会有超过3/4有表决权的成员出席并表决通过的情况下，该成员可以被除名。

4.6.2 在遵循正当流程的前提下，全体成员大会应对董事会的提议进行表决。

❺ 财政

5.1 财政年度

世界技能组织的财政年度从自然年的1月1日起，至当年的12月31日止。

5.2 收入

世界技能组织的收入包括：
- 加入成员的入会费；
- 年度成员费；
- 主办费用；
- 专业服务收费；
- 技术说明、文字作品、分析成果以及其他知识产权的销售或授权；
- 研讨会收入；
- 自愿捐赠；
- 赞助费用；
- 全体成员大会或董事会批准的其他来源。

5.3 年度费用

根据董事会的建议，全体成员大会确定费用。

5.4 报酬

世界技能组织的董事会成员、组织成员及其代表的服务都是无偿的。

5.5 债务

5.5.1 任何承担的债务均由组织的资产支付。

5.5.2 成员如退出或者经全体成员大会作出决议被开除，无权索取组织的资产。

5.6 审计

组织资产和负债的账目、报表以及债务，应由按照《荷兰民法典》所规定的审计人员审计后，方可提交全体成员大会。

6 颁奖

经董事会批准，世界技能组织的前任代表、合作伙伴、赞助商、利益相关方或前任主席可获提名"世界技能奖"（参见议事规则第4.3至4.6条定义）。

7 议事规则

董事会应制定英文版的议事规则，以对组织相关事务处理进行必要的规定，并分别确定组织董事会、常务委员会、董事会成员和首席执行官的角色与职责。

所有的议事规则应提交全体成员大会批准通过。

8 翻译

除荷兰语版本受法律管辖的法律事务之外，如本章程的不同翻译版本存在不一致的情况，则英语版本优先。

9 性别

在世界技能组织的所有文档中，无论何时采用了特定性别的术语，都应理解为指所有的性别，除非明确提及某个人。

10 最终条款

10.1 修订

本章程的修订，须经过全体成员大会，须由 2/3 有投票权的成员代表出席会议且同意。

10.2 解散

世界技能组织的解散，须经过全体成员大会，须由 3/4 有投票权的成员代表出席会议且同意。

如世界技能组织解散，组织的资产将按照最近一次年度会员费的比例返还给各个成员。

10.3 代表

董事会或者主席会与首席执行官，有权代表该组织。

Ⅱ 议事规则

1 会议

1.1 参加者

以下人员有权参加世界技能组织会议：

- 董事会成员；
- 秘书处成员；
- 行政代表和技术代表；
- 技术代表助理；
- 行政代表和技术代表的替代人员；
- 名誉主席、名誉成员、名誉会员、伙伴；
- 来自成员组织的工作人员；
- 翻译；
- 来自本届及未来竞赛主办方的工作人员；
- 行政观察员；
- 来自主办会议或竞赛的成员官方代表；
- 全球合作伙伴；
- 董事会或者首席执行官邀请的客人。

1.2 主办成员

1.2.1 希望主办世界技能大赛（参见议事规则"5.世界技能大赛"）或者全体成员大会的成员，应告知首席执行官以提请董事会处理。

1.2.2 董事会将考虑成员的申请，如果符合所有要求，董事会将申请提交全体成员大会批准。如果选择主办成员时有多个候选成员，成员将遵循与选举董事会成员相同的投票程序（参见议事规则 3.2）。

1.2.3 如果没有成员准备承办活动，则董事会和首席执行官将采取必要步骤在其选择的地点组织活动，并尽可能节俭。

1.2.4 差旅费、住宿费等费用由会议参加者自行承担。

1.2.5 比赛、展览、会议、参观导览或访问的基础设施由主办成员提供并支付费用。

1.2.6 主办成员有权寻求赞助商支付活动费用，但必须就赞助商安排和参加者最终套票价格与世界技能组织达成一致意见。

1.2.7 成员如希望举办董事会会议或其他会议，应告知首席执行官。这些将以相关的政策和指南为指导，并辅以必要的后勤和规划，以实现会议的目标。

❷ 投票

2.1 程序

2.1.1 仅当在满足以下条件的情况下，代表可对其代表的成员投票：

- 成员参加了全体成员大会的所有会议；
- 成员是正式成员；
- 成员已履行了对组织的财务责任。

2.1.2 除非章程另有要求或议事规则另有规定，否则所有的会议投票都是公开的。

2.1.3 如2/3有投票权的成员代表出席会议且同意，则可以接受无记名投票。

2.1.4 如果董事会成员也是代表，则他们有权投票（须遵守议事规则2.1.1）。

2.1.5 如果代表不能参加指定的会议，则由成员有权替代者参加该会议。成员必须将详细信息告知首席执行官，并提前足够时间通知以确保批准和进行认证。

2.1.6 在成员缺席的情况下，不得代表其进行投票。

2.1.7 当至少2/3的有投票权的成员出席会议时，即达到法定人数。

2.1.8 除非章程另有要求或议事规则另有规定，否则简单多数票将决定投票结果。

2.2 票数相同

2.2.1 如果在非选举表决中出现票数相同的情况，则主席应拥有决定性投票权。

2.2.2 如果在作为董事会选举中出现票数相同的情况，则该投票将重复进行，直至得出投票结果。

2.2.3 如果在选择主办成员的投票中出现票数相同的情况,则重复投票。如果第二次投票仍然票数相同,则董事会将有决定性一票。

❸ 董事会的选举

3.1 选举之前

3.1.1 在选举董事会成员的全体成员大会会议召开 5 个月之前,首席执行官将邀请成员提交提名以选举这些职位的候选人。提名应不迟于全体成员大会会议之前 3 个月,并提交至首席执行官。

3.1.2 除财务主管职位和一个战略发展委员会职位之外,其他所有董事会职位提名人都必须担任代表至少两年,并至少参加了最近两次全体成员大会,才能参选。此外,以下要求适用于特定职位:

◆ 参选主席/董事会主席职位的候选人必须是现任的行政代表或从前担任过行政代表;

◆ 参选竞赛委员会职位的候选人必须为现任的技术代表,并且必须至少在两届世界技能大赛中担任过技术代表;

◆ 参选战略发展委员会 3 个职位的候选人必须为现任行政代表。

3.1.3 当前不是代表的个人可以被提名为财务主管职位,当其同时满足在世界技能组织及其所在的国家或地区中的资格、职务以及财务和风险管理方面的经验要求时,可成为合适的候选人。

3.1.4 参选战略发展委员会职位之一的候选人可以为来自成员组织或利益相关方的经验丰富的人员(例如成员组织董事会主席、前任行政代表或首席执行官),当其满足所在国家或地区国际事务方面的资格、职位和经验要求时,可成为合适的候选人。

3.1.5 所有被提名人必须提供书面证明,证实得到其成员组织的支持以及履行其所提名职责需要的其他支持,并说明其担任该职位的能力和经验(候选人可以被提名为多个职位)。

3.1.6 根据议事规则 3.3 中对任职轮换和期限的规定,董事会成员在不再担任代表的情况下，有资格在任何职位上连任。进入董事会后，主席不得担任成员组织行政代表，其成员组织需任命一名替任者。主席不得担任地区技能组织和／或竞赛的董事会成员。其他董事会成员可以遵照以下其中一项：

◆ 继续担任行政代表或技术代表；

◆ 继续担任行政代表或技术代表，并任命一名替代行政代表或替代技术代表，以支持他们在常务委员会中的角色；

◆ 不再担任行政代表或技术代表，并让成员组织任命一名替任者。

3.1.7 提名委员会将审核并确认所有董事会候选人的资格（资历和经验，包括能力、服务的可行性、独立性和其他相关因素），参见议事规则 3.5。

3.1.8 首席执行官至少在全体成员大会会议前一个月向成员告知提名的候选人信息。

3.1.9 董事会应合理地代表不同性别、不同地区和全体成员的多样性。尤其是，两名董事会成员（不包括财务主管）不应来自同一成员国家或地区。

3.2 选举程序

3.2.1 在选举开始之前，董事会将提名两名监票员，并提交至全体成员大会批准。监票员的作用是确保选举公平公正，而且按照程序进行。他们还将与首席执行官核实无记名投票的票数。

3.2.2 所有选举都将通过无记名投票进行，投票可以通过实物投票或电子投票系统进行。

3.2.3 选举开始时，首席执行官将公布所有在场并有权投票的成员。他们将宣布选举中的选举者总数，并宣布是否满足有 2/3 有投票权的成员出席的投票要求。

3.2.4 每次董事会选举将选举四个职位（参见章程 3.4.3），投票按以下顺序：

A. 主席／董事会主席，然后是竞赛委员会的一名董事会成员，然后是战略发展委员会的两名董事会成员。

B. 财务主管，然后是竞赛委员会的一名董事会成员，然后是战略发展委员会的两名董事会成员。

3.2.5 对于每次选举，首席执行官将准备一个专门设计的选票。选票将通过秘书处

和 / 或监票员发放给有投票权的每个成员。成员通过标明所选择候选人姓名的方式来投票。如果未进行任何选择标记，则该投票被视为弃权；如果记录了多个选择，则投票将被视为无效。如果成员出现错误，则该成员将重新投票。

3.2.6 每次选举开始时，职位、候选人姓名及其所在成员的国家或地区代码将投影至会议室前方屏幕，并对如何正确投票进行说明。

3.2.7 秘书处和 / 或监票员将在投票箱中收集完成的实物选票。首席执行官和监票员将在各成员在场的情况下，在会议室计算选票。电子投票将自动收集，并由首席执行官和监票员确认后进行计数。

3.2.8 如果主席 / 董事会主席、竞赛委员会成员或财务主管的候选人超过两名，则要求必须获得多数票（50% 以上）。如果没有多数票，则进行第二次投票，但去掉第一轮投票中票数最低的候选人。如果存在两个或更多相等的最低票数候选人，则将在他们之间进行再投票。去掉票数最低的候选人，然后对所有剩余候选人进行第二次投票。

如果战略发展委员会职位有两名以上的候选人，则应按照议事规则 3.1.2 和 3.1.4 中规定的限制，选出得票最高的两名候选人。

3.2.9 当选举包括主席职位时，现任主席将在选举期间任命一名临时主席。

3.2.10 每次选举的结果将在首席执行官和监票员确认后由选举主席宣布。结果将包括并记录每名候选人的得票数、弃权票数和无效票数（总计为有权投票的成员数）。

3.2.11 纸质选票（如果使用的话）将由首席执行官保存在密封的信封中，直到会议结束。全体成员大会批准会议结果后，选票将被销毁。所有电子投票记录将被删除。

3.3 轮换和职位任期限制

3.3.1 每位董事会成员的任期为 4 年（有效期贯穿两届大赛）。

3.3.2 所有董事会成员在一个职位上只能连任两个任期。一旦被选为董事会成员，适用以下内容：

- ◆ 在满足所有其他条件的情况下，现任董事会成员可被提名为主席；
- ◆ 在满足所有其他条件的情况下，财务主管可被提名为主席；
- ◆ 在满足所有其他条件的情况下，财务主管可以被提名为竞赛委员会职位，或者战略发展委员会职位；

- ◆ 在满足所有其他条件的情况下，现任董事会成员可被提名为财务主管；
- ◆ 主席不得竞选其他职位。

3.4 选举时期和换届时间

职务过渡将在举行选举的全体成员大会上进行。现任董事会成员应在全体成员大会结束时（会后一天）完成其任期，当选的董事会成员应在此时开始其任期。

3.5 提名委员会

3.5.1 提名委员会是起到本组织部分管理作用的委员会。提名委员会将为每次董事会空缺职位的选举寻找合适的候选人。提名委员会不对候选人进行推荐，但应确保每一名候选人都符合其所提名职位的商定标准。

3.5.2 范围和重点

提名委员会的目标是为两年一次的董事会选举寻找并确定多名候选人（可行且符合要求的人），以担任董事会公开职位。如不可行，则提名委员会必须努力确保至少有一名符合条件的可行且符合要求的候选人。

提名委员会将从选举开始前的 11～9 个月开始，积极主动地确定和动员未来的领导者。

提名委员会将审核并确认所有董事会候选人的资质和适合度（资历和经验，包括能力、服务的可行性、独立性和其他相关因素）。

首席执行官将根据议事规则与提名委员会合作，要求在选举前提交董事会职位的正式提名（参见议事规则 3.1.1），确保满足正式要求，并随后向成员宣布候选人（参见议事规则 3.1.7）。

3.5.3 成员资质

提名委员会成员的资质和要求如下：

- ◆ 可能再次参加竞选的董事会成员（包括当选为董事会的不同职位，例如主席）不得成为提名委员会的成员；

- 任何肯定要离开董事会或现任的董事会成员（即他们在任期中，因此其职位不进行选举）可以成为提名委员会的成员；
- 提名委员会的成员必须深刻了解世界技能组织（愿景、目标、历史和文化），以便能够回答有关角色、职责、工作量、时间要求等问题。

提名委员会应由 3～5 人组成，成员如下：

- 一位或两位非再次选举候选人的董事会成员（即将离开董事会的董事会成员和/或现任董事会成员，其职位不进行选举），较为适合的是即将从董事会退休的成员；
- 一至两名现任且经验丰富的行政代表或技术代表，且声明他们将不参加选举的；
- 一至两名经验丰富的，与本组织保持联系的荣誉成员，并熟悉成员代表，已声明他们将不参加选举的。

提名委员会将得到首席执行官指派的秘书处一名成员或小组的支持。首席执行官不担任提名委员会成员，但对委员会进行监督，以确保提名过程的公正性。

3.5.4 成员提名和选举

现任和前任董事会成员、首席执行官和代表可以提议提名委员会成员的个人。提议应提交给首席执行官和/或董事会主席。

现任董事会选定提名委员会时，将考虑性别平等和成员多样性来进行选择。

提名委员会通常由现任代表或荣誉成员之一来主持。提名委员会将在其第一次会议上决定其主席。

3.5.5 工作流程和结果

提名委员会将在董事会选举之前的每次董事会会议上向董事会报告。总体进度和目标的透明度很重要，但具体细节的时间安排（例如，公布可能的候选人姓名）将由提名委员会酌情决定。

提名委员会可与任何可能的候选人和/或其成员组织自由交流。

首席执行官将与提名委员会和董事会协调，以在向成员们公布之前获得最终批准（参见议事规则 3.1.7）。

决定和建议将以协商一致的方式确定。

❹ 提议

4.1 口头提议

任何代表均有权为议程提出口头提议，这些提议将按照"其他事项"处理。

4.2 书面提议

任何成员均有权向首席执行官提交书面建议。这些建议若得到首席执行官的认可，将在相关委员会下次会议的议程中予以考虑。

4.3 荣誉主席、荣誉成员

任何成员均可向首席执行官提交书面提议，提名杰出的历任代表、世界技能冠军联络组成员以及成员技能组织董事会的首席执行官和主席担任本组织的荣誉成员，或提议往届主席担任荣誉主席。董事会将审议这些提议，并将由全体成员大会批准提议的候选人。

4.4 荣誉合伙人

任何成员均可向首席执行官提交书面提议，提名来自合作伙伴、赞助商或其他非成员的杰出个人，提议他们为世界技能荣誉合伙人。董事会将审议这些提议，批准的候选人将提交全体成员大会。

4.5 世界技能会员

任何成员均可向首席执行官提交书面提议，提名为世界技能作出长期、杰出、有价值的贡献的人士，提议其为世界技能会员。董事会将审议这些提议，批准的候选人将提交全体成员大会。

4.6 优秀证书

每年一次，首席执行官应邀请成员提交书面提议，提名杰出人士，以奖励颁发优秀证书。董事会将审议这些提议，批准的候选人将提交全体成员大会。

4.7 奖励与表彰

董事会负责本组织的奖励和表彰事宜。其中包括各种奖励和表彰及其成就的相关标准开发，以及授予获奖者的物品（例如奖牌、证书、徽章、称号名衔的使用等）。

❺ 世界技能大赛

5.1 原则和要求

5.1.1 成员可以就举办世界技能大赛向董事会提出申请。必须至少在大赛之前四年零九个月表达意向。

5.1.2 承办组织世界技能大赛的成员必须具有筹备和举办大型和/或国家技能竞赛的经验。要求提出申请的成员参加过最近数届世界技能大赛，并且在所有竞赛项目领域具备具有丰富经验的坚实的人才基础。

5.1.3 董事会必须收到：

◆ 表达意向的成员所代表的职业教育和培训系统的详细信息；

◆ 关于成员的经验水平以及代表参加过世界技能大赛的竞赛项目类别和领域的专业人员的全面信息；

◆ 关于财政资源、基础设施，以及政府（行政管理机构）、教育和工业的支持级别等情况的全面信息；

◆ 关于该成员所在国家或地区的职业教育和培训系统对世界技能大赛所预期的大赛遗产的全面信息；

◆ 有关由该成员举办比赛将如何提高世界技能品牌价值和大众对其认可度的全面信息；

◆ 董事会要求的任何其他信息。

考虑到这些要求，成员组织世界技能大赛的能力将由董事会指定的至少3人对成员的访问来确定，相关费用由成员承担。

此外，董事会必须确定表达意愿的成员充分了解其与花费、设施和必要基础设施有关的所有义务，并尊重世界技能的政治和宗派中立性，以便其所有成员都能公平参加。

5.1.4 一旦申请成员满足议事规则5.1.3中所规定的主办要求，他们将被邀请提交正式的投标申请。正式的投标申请将被检查，如果符合要求，则将其提交至全体成员大会表决。选择主办成员时，成员们将遵循与选举官员相同的投票程序（参见议事规则3.2）。

5.1.5 主办比赛的成员必须签署协议备忘录（MOA），对大赛的举办进行约束。并且必须提供公共机构和/或私营机构关于本活动所需的财务、政策、政治和具体实施等方面支持的书面承诺。协议备忘录定义了世界技能组织和被赋予举办世界技能大赛的权利和责任的主办成员（包含竞赛主办方）之间的合作与伙伴关系。这样可以确保按照世界技能组织官方文件中规定的所有要求、程序和协议组织活动，例如章程、议事规则、竞赛规则、道德与行为准则、技术说明（包括基础设施清单）、竞赛组织指南、品牌、综合赞助框架以及所有其他官方批准的文档。

所有文档的适用版本是举办大赛时的版本，而不是招标时的版本。

主办大赛的成员必须同意自当年至比赛当年（含当年）的四年中每年向世界技能组织支付主办费。

每次付款额由本组织和主办比赛的成员确定后在协议备忘录中规定。付款应于每年3月31日前完成。主办费在2015年基准年为80万欧元，计划每年增长3%，与议事规则7.2.1中规定的成员费的增长幅度一致。

本组织和秘书处向主办方提供各种项目管理和支持服务，以帮助他们进行能力建设，使其具有举行成本效益和举办大赛的能力。这些运营成本在办赛指南中进行了详细的规定，除主办费外，这些费用必须由主办成员/大赛主办方支付给世界技能组织。

5.1.6 主办大赛的成员将承担因主办大赛而产生的所有费用（包括秘书处和董事会的交通、签证、住宿、用餐费用），但不包括选手和代表们的交通、住宿和用餐费用。

6 接收成员

6.1 成员资格的等级

6.1.1 成员资格有两个等级：成员和准成员。

6.1.2 准成员应享有正式成员资格的所有权利，但不包括投票或参选的权利，并且不能派出官方代表团参加两年一度的大赛。但是，为了学习了解竞赛的目的，准成员可以被邀请以"客座"的方式参加不超过3个竞赛项目。客座选手的得分不得计入正式成绩，也不得被授予奖牌（金、银、铜牌或优胜奖）。但是，如果派出选手参加两个及以上的竞赛项目，则将授予选手成员国家或地区最优选手奖。

6.1.3 成员和准成员的入会费和年度成员费应由理事会确定，并由全体成员大会批准。

6.2 成员资格的要求

6.2.1 成为成员和准成员的先决条件是接受章程、议事规则、竞赛规则和道德与行为准则。

6.2.2 每个国家或地区仅可有一个代表机构被认可为成员或准成员。

6.2.3 成为成员或准成员的申请必须以书面形式提出并呈送至秘书处，并由提出申请机构的官方代表签字。该申请必须包括：

◆ 保证支付入会费（对于成员）或年度成员费（对于准成员）；

◆ 签字的副本，表明接受章程、议事规则、竞赛规则、道德与行为准则，以及行政代表和技术代表的身份和职责；

◆ 接受由董事会成员或首席执行官主持的正式的新入访问和培训计划（在会员顺序的不同阶段举行两次不同的会议）（在成员资格的不同阶段举行两次不同的会议），所有费用均由提出申请的成员承担；

◆ 有关该国家或地区的职业教育和培训体系以及机构在该体系中的地位等全面信息；

◆ 提议的行政代表和技术代表的姓名、职务和完整的联系方式；

◆ 在世界技能活动、宣传材料和网站上使用的该国家或地区旗帜的详细信息；

◆ 在成员资格获得批准后，接受"WorldSkills ××"的创立（其中 ×× 是申请成员的国家或地区名称），该组织将成为世界技能组织的成员组织，还包括该国家或地区的职业教育与培训的所有主要利益相关方，该新成员必须立即使用世界技能（WorldSkills）品牌；

◆ 接受世界技能商标在申请国家或地区的注册，并同意注册的所有权仅有在其是世界技能组织成员时才有效。

成员职责还包括对该品牌的持续保护，并处理其国家或地区内部的商标侵权行为。

世界技能组织的成员是负责在各自的国家或地区促进职业教育和培训的机构或团体。"代表培训体系的机构"可以是为成为世界技能组织成员而成立的非政府组织。

同时，该非政府组织必须与申请同时提交得到该国家或地区培训体系的主要利益相关方［例如政府（行政管理机构）和行业］的支持的相关证明。

其中包括有关部委的正式信函，正式信函抬头必须为英文且由部长签字，确认支持该机构或团体成为世界技能组织正式成员。

6.2.4　正式的新入访问和培训计划旨在确保申请的成员认识到其责任和机遇。具体包括对行政代表和技术代表的培训，以帮助他们选择和履行其在世界技能组织中的身份和职责。

6.2.5　申请获得董事会批准后，必须在下次全体成员大会上批准接纳，新成员或准成员可受邀介绍自己和他们所代表的职业教育和培训系统。

6.2.6　每位新成员必须支付 35000 欧元（2022 年）的入会费，其中包括该新加入成员本自然年的年度成员费。这笔款项必须在董事会批准接收之后的四周内支付至秘书处。如果后期未能得到批准，该入会费将被退还。

6.2.7　全体成员大会通过该批准，应以颁发成员证书的形式予以确认。

6.2.8　准成员将深入了解世界技能组织的活动，并获得有助于他们成为正式成员的经验。准成员将支付 3700 欧元（2022 年）的年度成员费，如成为正式成员，应支付的入会费最多为 11100 欧元（2022 年）。这笔款项必须在董事会批准接收之后的四周内支付至秘书处。如果未能批准，该年度成员费将被退还。

6.2.9 当成员更改其行政代表或技术代表时，其官方的通知书中必须包含签名的副本，表明该新任代表已接受其身份和职责。董事会可能会要求新任代表参加正式的新入访问和培训计划（所有费用均由成员承担）。未完成培训计划可能会影响成员参加世界技能大赛和本组织的会议。

6.3 新成员参加竞赛

6.3.1 新成员首次参赛最多可参加 3 个竞赛项目。新成员首次参赛可派出超过 3 个竞赛项目的专家。

6.3.2 具有世界技能大赛主要地区赛事比赛经验的新成员，可在首次比赛中要求参赛选手参加 3 个以上竞赛项目。董事会将根据竞赛委员会管理团队的建议作出决定。

❼ 财政

7.1 预算与会计

7.1.1 世界技能组织的财政年度为自然年。

7.1.2 董事会应向成员们提交年度预算。

7.1.3 董事会必须将支出控制在批准的预算额度之内。但是，董事会具有一定的灵活性，可以在总预算额度内重新分配支出，以体现本年度的变化情况。

7.1.4 董事会应将上一财政年度经过审计的账目提交给成员，以供通过。

7.2 费用

7.2.1 年度成员费的预算金额为一年的总额加上 3% 的增长额。每位成员的年度会费是根据模块系数计算的，考虑到该成员的人口规模以及参加前四届比赛的选手和专家数量，最低费用为 7200 欧元（2022 年）。

7.2.2 董事会应定期审查费用，并不定期向全体成员大会提交调整建议，以反映不断变化的经济实际情况。

7.2.3 年度成员费应在每年 3 月 31 日之前支付。

7.2.4 费用以欧元计算,并以欧元支付给秘书处。

7.2.5 如果在 3 月 31 日到期之前仍未汇出费用,则将向成员发送提醒。如果在到期日后 30 天内仍未缴纳费用,应向该成员处以应缴纳费用的 8% 的罚款。

7.2.6 在规定日期后的 90 天内未支付年度成员费而且未提供合理解释的成员,将失去投票或参加选举的权利,并且不得派出官方代表团参加竞赛。此外,在没有任何沟通的情况下,董事会将就该成员的身份向全体成员大会提出建议。

7.2.7 在特殊情况或财务困难的情况下,董事会有权放弃这些付款条件。

7.3 营运资金

为了履行财务义务,董事会将确保在财政年度结束时有足够的营运资金来维持本组织在下一年度第一季度的运作。在主要收入减少、支出增加、组织解散,或缓解全球金融动荡的情况下,董事会将积累现金资产以维持合理的运营。

8 管理机构和常务委员会的权力和职责

8.1 全体成员大会

章程第 3.3.4 条规定了全体成员大会的权力。

8.2 董事会

8.2.1 章程第 3.4.6 条规定了董事会的权力。

8.2.2 董事会可以设立自己的小组委员会和其他工作组,并确定其职权范围和成员资格。首席执行官将在与委员会主席达成一致的情况下支持这项工作。

8.2.3 董事会的正式信函必须由主席和首席执行官签署。有关财务的正式文件,必须由主席或财务主管和首席执行官一同签署。

8.3 战略发展委员会

8.3.1 战略发展委员会的主要职权范围是：

◆ 支持制定本组织的使命、愿景和战略，并实施相关的行动计划，支持和实施世界技能品牌的开发（包括定位和视觉标识），并为成员所采用；

◆ 引领措施的实施，提高世界技能在本土和国际市场的品牌价值和品牌知名度；

◆ 确定竞赛项目的新增和取消；

◆ 促进青年交流。

8.3.2 战略发展委员会可以设立自己的工作组，并确定其职权范围和成员资格。这些工作组将用于增加成员和利益相关方的参与，并在各个方面和主题上实现更快、更集中的讨论和发展，从而实现委员会的目标。这项工作将得到秘书处的支持。

8.3.3 战略发展委员会将支持并考虑相关的研究与开发，以保护和提高其决策的质量、信誉和价值。

8.3.4 战略发展委员会将接受董事会或全体成员大会的任务，并将向董事会或全体成员大会（通过董事会）提出建议。

8.4 竞赛委员会

8.4.1 竞赛委员会的主要职权范围是：

◆ 设计、准备和管理竞赛项目；

◆ 确保标准和评估的持续更新和改进，以符合全球工作和职业教育与培训的最佳实践和发展，包括确保根据世界技能大赛的要求创建各竞赛项目的技术说明，并定期更新以反映该技能在现代实践中的最新技术和相关能力；

◆ 通过高效且有效的规则、系统、步骤和文档，为竞赛项目和选手的发展提供支持；

◆ 设计管理和审查措施，以预防和解决技术、组织和行为方面的问题；

◆ 确认各竞赛项目成功完成；

- 建立和监督竞赛人员的任命、部署等安排；
- 为竞赛项目的参加者和贡献者建立并实施专业发展和质量提升的框架；
- 请求并考虑数据和报告以指导其工作并确定其优先级；
- 推动经济、效能及其可持续性的改善；
- 与战略发展委员会在共同的利益和责任领域进行互动，以提高竞赛项目的质量、覆盖面和地位。

8.4.2 竞赛委员会将支持和考虑相关的研究和开发，以保护和增强其决议的质量、信誉和价值。

8.4.3 竞赛委员会可以设立自己的工作组，并确定其职权范围和成员资格。这些工作组将用于提升成员和利益相关方的参与度，并在各个方面和主题上实现更快、更集中的讨论和发展，从而实现委员会的目标。这项工作将得到秘书处的支持。

8.4.4 竞赛工作组是竞赛委员会的工作组。其职权范围和成员资格由竞赛委员会董事会成员决定。竞赛工作组将负责竞赛委员会和/或董事会分配的项目和任务。

8.4.5 竞赛委员会将接受董事会或全体成员大会的任务，并向董事会或全体成员大会（通过董事会）提出建议。

9 董事会成员和任命的官员的权力和职责

9.1 主席

9.1.1 主席正式主持所有世界技能活动，并与首席执行官一起担任世界技能运动和组织对成员、政府（行政管理机构）、合作伙伴、媒体和公众的公众形象及首席发言人。

主席也是董事会主席。

9.1.2 主席的职责包括：

- 领导和促进本组织的战略发展；
- 评估世界技能的运营环境，并确定新的活动机会；
- 确保董事会有效履行其职责和责任；
- 确保董事会决议的实施；

- 会同首席执行官，作为世界技能组织在国际关系中的最高级别代表；
- 会同首席执行官，向合作伙伴、成员、组织和媒体代表世界技能组织；
- 鼓励、建议和支持潜在的成员；
- 参与并支持董事会的个别成员履行其委派的职责；
- 支持有战略领导潜能的成员和董事会成员的成长；
- 领导董事会的活动，以支持和审查首席执行官的表现。

9.2　战略发展委员会董事会成员

9.2.1　战略发展委员会由 4 名董事会成员组成。

9.2.2　作为董事会成员，他们专门共同承担管理、战略和政策方面的董事会专门职责（参见章程 3.4.6）。

9.2.3　战略发展委员会董事会成员的职责包括：

- 共同担任战略发展委员会主席；
- 在战略发展委员会履行职责时提供领导和指导；
- 与成员代表、合作伙伴、赞助商和竞赛主办方代表建立和保持融洽关系，以确保有效协作和实现战略目标；
- 领导正在进行的工作，以不断更新世界技能大赛中的竞赛项目组合，以确保其与当前行业趋势和发展相关；
- 与竞赛委员会董事会成员和秘书处密切合作，以确保在战略和运营层面上的联系。

9.3　竞赛委员会董事会成员

9.3.1　竞赛委员会由两名董事会成员组成。

9.3.2　作为董事会成员，他们专门负责管理、战略和政策方面的董事会职责（参见章程 3.4.6）。

9.3.3　竞赛委员会董事会成员的职责包括：

- 共同担任竞赛委员会主席；

◆ 在竞赛委员会履行职责时提供领导和指导；

◆ 对两年一届大赛的公平开展和成功举行相关事务承担总体责任；

◆ 与成员代表、专家、合作伙伴、赞助商和竞赛主办方代表建立和保持融洽关系，以确保各竞赛项目的平稳运行；

◆ 担任竞赛中有关质量和技能事项的最终裁决人；

◆ 推动促进和支持工作，以提升将来竞赛的可持续性，包括在技术和评测方面的最新发展；

◆ 支持正在进行的工作，以不断更新世界技能大赛中的竞赛项目组合，以确保其与当前行业趋势和发展相关；

◆ 与战略发展委员会董事会成员和秘书处密切合作，以确保在战略和运营层面上的联系。

9.4 财务主管

9.4.1 作为董事会成员，财务主管的基本职能是协助董事会履行其在管理本组织的资金、资产和风险方面的受托责任。

9.4.2 财务主管的职责包括：

◆ 监督本组织的财务事务，并确保其合法，符合章程并符合被认可的财务实践方法；

◆ 通过与首席执行官和世界技能审计员紧密合作，确保世界技能财务系统的质量；

◆ 向全体成员大会报告年度账目和财务状况；

◆ 监督风险管理，识别本组织及其活动、董事会、员工和利益相关方在管理、财务、法律和声誉方面的风险；

◆ 确保将风险管理策略包含在组织文化中；

◆ 就财务、风险和管理事宜与首席执行官和员工联络并提供支持；

◆ 全球合作伙伴和赞助商的管理和参与。

9.5 代理

如果组织的主席暂时无行为能力,则董事会将提名一名理事会成员担任临时代表主席。如果主席无行为能力的时间超过 3 个月或预计将超过 3 个月,则董事会应任命一名董事会成员担任(代理)主席,直至主席恢复职务或至任期末,以先发生者为准。

9.6 首席执行官

9.6.1 首席执行官签订全职合同,对董事会负责。首席执行官会同主席,担任世界技能运动和组织对成员、政府(行政管理机构)、合作伙伴、媒体和公众的公众形象和首席发言人。

9.6.2 首席执行官的主要责任是对组织提供专业领导和管理。这种领导和管理包括战略、运营、行政,以及营销与传播。经与主席和其他董事会成员协商,首席执行官的职责具体包括:

战略

- 制订战略计划和相关行动计划;
- 与主席紧密合作,以支持和执行与主席的角色和本组织的整体活动有关的事务;
- 在处理与战略发展委员会有关的事务中提供领导和支持,并与负责该委员会的董事会成员紧密合作;
- 在处理与竞赛委员会有关的事务中提供领导和支持,并与负责该委员会的董事会成员紧密合作;
- 在主办竞赛或全体成员大会的成员方面,就与其主办相关的所有战略和组织事项提供领导、监督、指导和支持;
- 探索、实施和建立有效的战略合作伙伴关系;
- 使秘书处的业务重点与本组织的战略目标保持一致,并就结果的有效性进行汇报;
- 负责监管和管理本组织的财务及其他风险要素,并在这些事项上与财务主管密切合作。

运营

- 确保管理机构、常务委员会和其他工作组的会议得到有效准备和执行；
- 参加会议，编写英文版的会议纪要，并确保在会议后14天内公布；
- 确保这些会议中商定的决定和行动项目得到执行；
- 为世界技能大赛提供管理、行政和服务支持；
- 负责实施并管理本组织和世界技能大赛期间的同道德与行为准则相关的所有事项；
- 负责秘书处的人员配备以及为本组织工作的员工、承包商和志愿者的管理。

行政

- 确保在会议之前制定并公布议程和相关支撑文档；
- 确保在经过同意的预算范围内管理本组织的财务，并准备年度财务报表以进行审计；
- 确保满足本组织的法律和调查要求；
- 确保有效和及时地管理秘书处负责的各项行政任务。

营销与传播

- 管理世界技能组织与成员、赞助商和其他组织的现有合作伙伴关系；
- 发展并支持本组织的新成员；
- 为本组织寻求和发展新的赞助者；
- 向各个利益相关方推广和营销本组织及其使命和目标；
- 为各个利益相关方提供有效的沟通途径；
- 提升并建立世界技能的现有品牌价值。

9.7 合同

董事会成员及任命官员不得为本组织签订以下分包合同或协议，具体涉及：

- 本组织的董事会成员及任命官员，或董事会成员及任命官员的亲属；
- 雇佣董事会成员及任命官员的公司；

- 雇佣与董事会成员及任命官员的亲属有经济利益的公司。

例外情况需经董事会投票批准。

9.8 质量审计员

质量审计员由董事会任命并向董事会报告，负责对开展竞赛的步骤和实践方法，以及选定的项目、试验和其他进展提供独立而全面的观点。质量审计员及其团队与标准和评测顾问、技能顾问保持联系，以共享信息并进行改进。在比赛期间，质量审计员不进行任何解决问题的活动；他们会将问题立即转交给竞赛委员会管理团队。

⑩ 语言、翻译和旗帜

10.1 语言和翻译

10.1.1 世界技能组织的工作语言是英语。世界技能组织承认，由于非英语母语的成员比例很高，因此必须将所有文档的源文件和资源提供给成员进行翻译。世界技能组织将为成员就文件和资源的翻译管理提供支持和协调。

10.1.2 世界技能组织、主办成员和竞赛主办方在世界技能组织的会议上不提供同声传译。然而，一个或一组成员可以自行承担费用为自己提供同声传译，由主办成员或竞赛主办方提供后勤支持。

10.1.3 如果世界技能相关文档的不同语言版本存在不一致的情况，则以英文版本为准。

10.2 旗帜

10.2.1 成员提交的用于世界技能活动、营销材料、网站上的旗帜，必须获得世界技能组织的批准。

10.2.2 如果某个旗帜未获得世界技能组织的批准，则需要商定使用其他旗帜，或者有关成员可以选择使用世界技能旗帜，或者不使用任何旗帜。

10.2.3 在世界技能大赛开始前12个月，秘书处将与成员确认，世界技能网站上显示的成员旗帜是在接下来的世界技能大赛中将使用的正确的、经商定的标志。

⑪ 最终裁决

11.1 纪律

11.1.1 违反章程、议事规则、道德与行为准则的规定和条款的行为将受到处罚。将采用以下处罚措施：

- 警告；
- 训诫；
- 罚款；
- 除名。

11.1.2 纪律处罚将由董事会决定。在严重的情况下，全体成员大会可以召开特别会议。

11.2 生效日期

议事规则已由全体成员大会于 2020 年 10 月 14 日批准，并取代了之前的相关规定。

Ⅲ 竞赛规则

1 简介

世界技能大赛是全世界青年之间最高水准的职业技能竞赛。通过地区/国家/洲际的竞赛选拔，优胜者可参加世界技能大赛。大赛主要聚焦于新近进入或即将进入技能职业（领域）的青年人的技能和能力。

竞赛规则定义了世界技能大赛所有竞赛项目组织与运行的相关决议和规则。该规则由竞赛委员会更新，并由全体成员大会批准后生效。

所有成员组织和参与者都必须遵守竞赛规则。

1.1 术语的定义

参见 www.worldskills.org/glossary。

1.2 核心价值

世界技能组织的核心价值观是多元、卓越、公平、创新、公正、合作与公开。

所有经过认证的人员，应推广、遵循、支持世界技能组织的道德与行为准则中所阐明的核心价值和原则，并通过最高程度的诚信、诚实和公平来实现他们的承诺。

1.3 处罚措施

任何经过认证的人员，如被指控存在不诚实的行为，或某人拒绝遵守规定和/或指示，或其行为对大赛的正常举行产生不利影响，将按照竞赛规则"12.问题与争议解决"中所规定的程序进行处理。

1.4 官方竞赛文件

竞赛相关的文件包括竞赛规则、道德与行为准则、健康安全和环境规范，以及各竞赛项目的标准和评估指南、项目管理计划、技术说明和基础设施清单。

1.5 竞赛时间表

世界技能大赛的筹备和运行包含了许多重要事件，涉及不同的人群，并有一个特定的时间表。

竞赛规则中涉及重要事件的概要情况参见附录——大赛重要事件和时间线。

❷ 竞赛的组织

2.1 整体赛事管理

世界技能组织董事会和组织委员会负责世界技能大赛活动的整体管理。在该职权范围内，他们向相关首席执行官们分别授予（赋予）相应的权力和责任。

竞赛管理团队（行政）

世界技能组织的首席执行官与世界技能组织的主管们（竞赛项目主管、营销和传播主管、赞助和合作主管、赛事活动运营主管）组成竞赛管理团队，负责大赛所有行政管理方面的事务。

2.2 主办成员

2.2.1 竞赛主办方的选择

在董事会仔细审查之后，再由全体成员大会作出决定，以确定将某届大赛的主办权授予世界技能组织的某个成员。

如果主办成员将大赛的组织委托于某个国家或地区委员会或其他机构，该主办成员对世界技能组织承担的责任保持不变，且所有因此安排而签订的协议、合同等均要交由世界技能组织董事会审核。

2.2.2 职责

主办方负责组织和举办大赛，负责大赛之前、大赛期间的公共关系和宣传。

2.2.3 保留权利

作为大赛发起者，世界技能组织保留对大赛的一切权利，包括批准所有传播活动

（媒体、市场营销和公共关系）。

2.3 竞赛主办方

2.3.1 提供基础设施

竞赛主办方必须为竞赛提供最优的设备和基础设施。

按照竞赛项目的技术说明和基础设施清单，竞赛主办方必须为每项竞赛项目提供适当的场地区域和设备。具体参见竞赛规则"8.技术说明"和"9.基础设施清单"。

从赛前9个月起，按照竞赛委员会的决议，主办方应向所有技术代表、专家们提供详细完备的基础设施清单，内容包括当前的机器、设备和工具。

除了提供竞赛场馆和场地，还应提供：

◆ 一个用于举行全体成员大会的大型会议厅（也供竞赛委员会和战略发展委员会使用）；

◆ 一间行政代表与技术代表使用的会议室；

◆ 一间领队们使用的会议室；

◆ 多间按照秘书处要求安装了技术设备的办公室；

◆ 主席、首席执行官、负责领导竞赛委员会的董事会成员、负责领导战略发展委员会的董事会成员所用的办公室。

各办公室的详细要求将在当届大赛的办赛指南中注明。

竞赛主办方还必须遵守其他官方文件的要求，包括章程、议事规则、竞赛规则以及道德与行为准则。

2.3.2 认证和接待方案

竞赛主办方必须起草认证方案，提交董事会并得到批准后方可公布。主办方应至少在赛前12个月向各成员公布每个参与者的费用，必须包括所有的外出参观与招待等费用。

在所有费用完全付清之后，所有的成员组织以及他们的客人，都必须作为大赛的参与者得到无差别的对待。具体认证方案应在当届大赛办赛指南中详细注明。

2.3.3 竞赛日程

会同并在世界技能组织首席执行官的管理下，竞赛主办方必须制定整体的大赛日程方案，包括所有参与者的食宿安排。尤其是关于开幕式、闭幕式、告别晚会等精确的程序，需提前拟定，并在赛前6个月得到董事会批准。

2.3.4 健康、安全与环境

参见竞赛规则14.1。

3 举行的竞赛项目

3.1 指导原则

3.1.1 介绍：什么是"技能"？

"技能"是通过获取与特定职业相关的知识、技能和行为而获得的专业能力。"竞赛项目"是指世界技能组织举行的技能竞赛，基于一个或多个职业，以其作为参照标准。

竞赛项目以职业为参考，以此确保其在国际上被理解且与职业工作相关，并且具有可持续性。

3.1.2 世界技能大赛的作用和目的

世界技能大赛是全世界青年之间最高水准的职业技能竞赛。参加世界技能大赛，通常基于地区/国家/洲际的竞赛选拔结果。世界技能大赛设立的竞赛项目应该反映出职业价值，这些职业受益于准备充分的青年人的出色表现。通过这种方式，世界技能大赛有助于全球社会和经济的发展、集体和个人的成功。

3.1.3 职业背景

世界技能大赛已经延续了数十年，在这数十年中，劳动力市场、经济和社会已从稳定转变为动态，从可预测转变为不稳定。新技术对工作的本质和工作未来的准备提出了多方面的挑战。因此，世界技能大赛现在需要灵活、反应迅速、以情报为主导的方法来选择和组织其竞赛项目。支持这种方法的首要原则如下。

◆ 流动性：支持人员和技能的流动性，以便持续转移和进步。职业上，这涉及"交叉参照"各职业，并支持建立职业路线图；

◆ 连通性：积极而准确地支持成员发展，及与其经济、劳动力市场和社会相关的职业教育和培训系统；

◆ 优化性：从基于历史、供应和实用主义的竞赛组合，转变为与大型全球职业和社会趋势相关的动态关系。

3.1.4 职业趋势

职业和社会的发展趋势对当前职业教育和培训的假设和方法提出了挑战，具体包括：

◆ 将技能开发扩展到更高层次的教育；
◆ 更加多样和更加丰富的技能开发；
◆ 更广泛的主人翁意识和关注度；
◆ 对技能发展更高的认可度和更全面的理解。

这些趋势已经在世界技能大赛中出现，应该直接反映在竞赛项目的选择和组织中。

3.1.5 成员的多样性和代表性

世界技能组织成员的快速增长，使世界技能组织：

◆ 对世界职业发展有了更全面和更真实的看法；
◆ 选择和组织竞赛项目时有了更明智的方法；
◆ 在可获得的竞赛结构和代表性的竞赛项目的选择中，承担更大的责任，以照顾不同的利益和需求。

当出现准入和卓越相互冲突的情况时，依照卓越优先的原则，选择既可以反映发展中经济体，也可以体现发达经济体优势的竞赛项目。

3.1.6 变更的理由

在动态的环境中，还应结合额外标准以决定竞赛项目是否应该继续举行。必须确保实现创新的空间。世界技能组织还有一些额外的质量控制和保证措施标准，应该更积极地用于确定每项竞赛项目是否举行、如何继续举行。额外标准包括：

◆ 特殊性；
◆ 劳动力市场的相关性，价值和趋势；
◆ 竞争质量绩效指标；
◆ 内部管理绩效。

使用这些额外标准，应确保向成员和更广泛的受益者带来可持续的益处。

职业的高需求可能表明其价值，也可能指示其具有较少的积极因素，例如缺乏替代方案，或遭遇了瓶颈，每个因素都需要以正确的方式加以应对。一些竞赛项目具有普遍的吸引力和非常广泛的职业分布范围。对于有超额需求的竞赛项目，应审查其可能的变化趋势。对于各种超额规定，在需要确定上限或其他限制的情况下，应将匀称、准入、平衡和界域的标准应用于所有竞赛项目。

3.1.7 竞赛分类

世界技能大赛的竞赛项目分类如下：

- 结构与建筑技术；
- 创意艺术与时尚；
- 信息与通信技术；
- 制造与工程技术；
- 社会与个人服务；
- 运输与物流。

这种分类方式具有易于被用户理解的优点，但目前在竞赛项目组合中，这种分类既不全面也不平衡，没有描绘领域内部的变动情况，这是世界技能未来决策的关键考虑因素。因此，出于管理目的，还应使用一种或多种其他分类，并应引入国际劳工组织的分类方式：

- 专业人员；
- 技术人员和相关专业人员；
- 文职工作者；
- 服务和销售工作者；
- 熟练的农业、林业和渔业工作者；
- 手工及相关职业工作者。

这种分类方式可为竞赛项目管理提供参考。

3.1.8 跨领域技能

自2013年以来，世界技能大赛每项竞赛项目都包括跨领域技能，符合经济合作组织的指南。跨领域技能包括：

- 工作组织和（自我）管理能力；

- （信息）沟通和人际交往技能；
- 解决问题、创新和创造能力。

随着对上述括号中关键词的重视，好的绩效开始出现，包括对胜任和优秀的区分。差异化是任何竞赛项目的决定性因素。对于竞赛项目而言，差异化因素是自主的、负责的，并且能够有效解决当前角色解决不了的复杂问题，与卓越紧密相关，这已经得到验证。这些也是跨领域技能，将对技能比赛的设计和实施产生越来越大的影响。

3.1.9 选手的资格

明确地说，对选手的唯一资格要求是年龄。世界技能大赛的一个主要目的是向成员及其团队，就其有关职业教育与培训体系和实践方法的效率和有效性提供反馈。参与者最近的经历会影响表现，因此，选手的资格应限定在其完成最初的职业教育与培训后两年的时间内。这些定义确定了在前文3.1.7中，第二种分类（国际劳工组织分类）的后四种职业（文职支持工作者，服务和销售工作者，熟练的农业、林业和渔业工作者，手工及相关职业工作者）年龄限制为22岁。但是，对于专业人员、技术人员和相关专业人员，其最初的职业教育与培训时间较长，年龄限制为25岁可能更合适。最近的讨论和决定证实了这一点。

3.1.10 竞赛管理的原则

通过竞赛项目组合，建立和维持动态的社会－经济变革与鼓舞人心的关系，将是一项充满困难的挑战。然而，由于历史和结构方面的原因，目前的竞赛管理方式不是最优的，正如其他在信息时代拥有许多成员和合作伙伴的组织，需要多层次、多方位的领导和管理。

与竞赛管理的要素一样，对竞赛项目组合的监督应该是多层次的。

- 战略领导：目的、资源、范围和幅度、沟通和推广；
- 领域和跨领域管理：描绘职业技能的提升、下降和流动情况，并通过竞赛项目反映出来；
- 技能特定管理：激活和应用标准的引进、开发、改革，以及标准的取消。

应该生成和共享最有价值的资源、数据和情报，作为理论、沟通和协调的基础。5年的滚动时间表和大纲，以及3年运营计划，包括取消和引入竞赛项目的灵活措施，将会是吸引成员和合作伙伴参与和支持的重要条件。

目前，依靠成员提议而引入竞赛项目的方法是可行的，但不足以应对挑战，不足以更好地反映青年人的生活和工作机会。应鼓励灵活引入新竞赛项目的路线，包括来自成员、行业和商业以及合作伙伴的意见。在灵活引入竞赛项目前，应确保做到：

- 证明其概念（该建议方案具有职业真实性和价值）；
- 证明其潜在或实际需求；
- 具备保障措施（包括处理利益冲突或不恰当的限制）；
- 该项目有关成员或组织愿意与世界技能组织合作，以实现最高的竞赛质量。

出于实际原因，这种方法已经非正式地出现。

3.1.11 没有提名首席专家或副首席专家和/或任命的竞赛项目经理的竞赛项目

对于没有提名首席专家或副首席专家和/或竞赛项目经理的竞赛项目，不得提供注册。

对于新设立的竞赛项目，在和注册该竞赛项目的成员组织商议之后，由竞赛委员会管理团队指定首席专家和副首席专家。

3.2 世界技能大赛中竞赛项目的选择

世界技能大赛的竞赛项目总数取决于竞赛规则 3.1 中所述的原则和流程，以确保竞赛项目能够反映世界技能的使命和竞赛目标，并代表全球经济的技能需求。

各成员组织必须注意：在临时注册结束后，正式公布世界技能大赛将举行的竞赛项目之前，不得向选手作出任何承诺。成员组织应在竞赛项目正式确定后，再最终选定参赛选手。

在世界技能大赛中实际举办竞赛项目的数量取决于总的可用空间、每个竞赛项目所需的空间，以及每个竞赛项目的选手数量。因此，对于竞赛项目的选择，应优先列出在可用的空间中可设立的竞赛项目。

在临时注册阶段，世界技能大赛竞赛项目的选定工作，应由负责领导竞赛委员会的董事会成员、世界技能组织的首席执行官、竞赛项目主管以及竞赛主办方技术主管来共同完成。临时注册时间在开幕式前 12 个月。

在临时注册后的一周内，所有成员都将被告知最终选择的竞赛项目。

选择顺序

世界技能大赛（基于临时注册）的竞赛项目选择应按照如下标准和顺序进行。

1. 所有的正式项目在达到所需注册数量或更多时，具体取决于其成为正式竞赛项目的年数（团队正式项目应具有 9 个或更多注册数量）。

2. 所有的新正式项目。

3. 第 3 年或 3 年以上的正式竞赛项目，有 12～13 个注册数，由大赛主办方按照竞赛规则 3.7 作出最终决定。

4. 展示项目。

3.3 展示项目

竞赛主办方可以自费以展示的形式呈现或展示某个竞赛项目的新方面或可能的新的竞赛项目。本展示可包括展示者的工作，具体有完成形式和工作进程等。本展示工作不得具有竞赛性质，世界技能组织不得以表彰形式颁发授予任何官方奖章或证书。但是，如果获得世界技能组织的批准，竞赛主办方可以向展示者颁发证明其工作的证书。

3.4 竞赛项目类型

竞赛项目类型	最少选手数/团队数①	竞赛信息系统②	竞赛规则	奖牌	最终成员成绩
正式项目	6、9、14	√	√	√	√
正式团队项目	6、9	√	√	√	√
展示项目	不适用	不适用	不适用	不适用	不适用

①最少选手数/团队数指注册每个竞赛项目的代表团数量。
②竞赛信息系统的缩写为"CIS"（Competition Information System，CIS）。

3.5 新竞赛项目的引入

成员组织和全球合作伙伴可以向竞赛委员会提议新的竞赛项目。如果提议的竞赛项目符合要求，则应将其引入为正式项目。

3.5.1 引入新的正式项目的规则和指南

以下规则和指南适用于提议新的正式项目的成员和合作伙伴。

第一步

在比赛前约两年的竞赛委员会代表会议上,将邀请成员和合作伙伴提议新的正式项目。

第二步

在赛前 20 个月将邀请成员和合作伙伴向世界技能组织提交他们的提案。

第三步

"竞赛项目增加和取消顾问组"将根据指导原则选择最优秀提案(参见竞赛规则 3.1)。一旦作出决定,将通知所有提交提案的成员和合作伙伴,成功的提案将分发给所有成员。

第四步

在赛前 19 个月,将邀请有关成员和合作伙伴就被选中的新竞赛项目提案在网络会议的问答环节中提供为时 5 分钟(最多)的陈述。该陈述应包含特定信息,可联系竞赛项目主管以获取模板。世界技能组织将与有兴趣参加的成员一起进行协调推动。

第五步

提议的新竞赛项目将在赛前 15 个月时起与所有正式项目一起进行预临时注册。

第六步

在世界技能组织全体成员大会上,世界技能组织将按照注册的数量要求(参见竞赛规则 3.4),宣布将举行的竞赛项目。

3.5.2 文档

技术说明文档应按照世界技能组织提供的技术说明模板编写,可从网站或竞赛项目管理经理处获得。

在竞赛项目被引入为正式项目后,世界技能组织将管理该竞赛项目的技术说明和相关文档。

3.5.3 需要考虑的要点

新的竞赛项目在被提议为世界技能大赛竞赛项目之前,必须在国家或地区比赛中举行过。在某些情况下,有关比赛可以在该竞赛项目被选为可能的正式竞赛项目之后进行。

陈述文稿根据模板要求需要包含以下信息：

- 衡量和证实该竞赛项目在全球经济中的代表性和重要性；
- 该竞赛项目的世界技能职业标准；
- 6个选手的赛场空间要求和其他场地空间要求，以及每额外增加一名选手的空间要求；
- 基础设施清单；
- 竞赛形式。

根据世界技能大赛的可持续性和成本管理需求，在需要过多的空间或基础设施的情况下，世界技能组织和竞赛主办方将对是否举办该新竞赛项目具有最终决定权。

3.6 竞赛项目增加和取消顾问组

"竞赛项目增加和取消顾问组"定期审查指导原则，并就每项世界技能大赛竞赛项目的增加和取消作出决定，以确保为竞赛项目组合注入新元素，使其与商业和行业、逐渐演化的劳动力市场需求保持同步，在保留核心和长期有效的竞赛项目的同时，吸纳新的竞赛项目。

3.7 竞赛项目的取消

竞赛项目的状态是从临时注册到下一次临时注册。没有足够参加者的竞赛项目将立即从正式项目中撤销，但该竞赛项目仍将在网站上列出，直至下一次临时注册。

竞赛项目上届状态	临时注册数	实际选手数	采取行动
警告	13名或更少（团队项目8队或以下）	—	立即取消正式项目。如果比最低要求只少1个或者2个注册数的情况，主办方具有决定权，也可能会举行
警告	14名或以上（团队项目9队或以上）	13名或更少（团队项目8队或以下）	因为该竞赛项目在临时注册阶段已有14个或者更多的参赛队伍，因此将在世界技能大赛中举行。但如果实际举行中参加者只有13个或者更少，该竞赛项目在下届世界技能大赛中将从正式项目中取消

续表

竞赛项目上届状态	临时注册数	实际选手数	采取行动
警告	14名或以上（团队项目9队或以上）	14名或以上（团队项目9队或以上）	保留正式项目状态

当正式项目不能满足要求的最低注册数量，但只差1或2个注册数的情况下，仍然可以举行。如果该竞赛项目在少于临时注册所需数量1或2个的情况下进行，将被列为"警告"。下届世界技能大赛中，其注册数必须等于或大于最低注册数，方可被保留为正式项目。当竞赛项目选手少于最低数量要求时，则该竞赛项目将立即从正式项目中取消。

3.7.1 正式项目第一次在世界技能大赛中举行

如果竞赛项目首次作为正式项目进行，必须至少有6名成员在临时注册阶段注册。

3.7.2 正式项目第二次在世界技能大赛中举行

如果竞赛项目第二次作为正式项目进行，则必须至少有9名成员在临时注册阶段注册。

3.7.3 正式项目第三次或以后在世界技能大赛中举行

如果竞赛项目成为世界技能大赛的正式项目两次以上，则在临时注册中必须至少有14名成员注册。

如果有12名或13名成员注册，则仍然可以举行该竞赛项目，但最终决定取决于大赛主办方。该决定应在临时注册阶段作出。如果所涉及的竞赛项目是来自之前的世界技能大赛中"被警告"的项目，那么该项目不会被选中并将立即从正式项目列表中删除。

如果该正式项目是在只有12名或13名成员的情况下举行的，那么在下届的世界技能大赛中将"被警告"。

如果在世界技能大赛中进行的正式项目只有11名或更少的选手，则该项目会立即从正式项目列表中删除。

3.7.4 团队项目

如果团队竞赛项目首次作为正式项目进行，必须至少有6名成员在临时注册阶段注册。

如果某团队竞赛项目以正式项目第二次或以上次数举行，要求至少有9名成员在临时注册阶段注册。

3.7.5 大赛主办方的推荐项目和裁量权

如果大赛主办方已经签订合同，因受合同约束而必须举办相关竞赛项目，以上关于每个竞赛项目的最低参赛人数要求将不适用。任何正式项目，在第三次或以后的大赛中，如果临时注册阶段有 12 或 13 名成员注册，则仍然可以举行该竞赛项目，但最终决定取决于大赛主办方。

3.7.6 被警告的竞赛项目

如果竞赛项目在少于 14 个注册数量的情况下举行，则竞赛项目将"被警告"或从下一届世界技能大赛中可注册的竞赛项目表中删除。

处于"被警告"状态的任何正式项目，必须在下届世界技能大赛的临时注册阶段有 14 个或更多的注册方可举行，并且注册数必须继续满足所有接下来的世界技能大赛的最低要求，否则将取消正式项目资格。换句话说，每个正式项目只能"被警告"一次。如果大赛主办方已经签订合同，且将因此而利益受损，则在其余新的官方项目举行的条件下，可以举行处于"被警告"状态且注册数少于 14 的竞赛项目。

3.7.7 竞赛项目的再次引入

任何成员或合作伙伴如果提议再次引入往届大赛中因未能满足所需注册数而被取消正式项目资格的竞赛项目，必须同时满足以下两个条件：

- 世界技能大赛前 18 个月之前，发布包括该项目最新技术进展的技术说明；
- 临时注册阶段有 14 个成员注册。

❹ 注册

竞赛项目的注册分为以下 5 个阶段。

第 1 阶段——临时注册

成员组织在世界技能组织网站（www.worldskills.org/registration）上注册他们要选择的竞赛项目。截止期限为赛前 12 个月。

成员组织必须进行临时注册，注册的内容包括：

◆ 参加的竞赛项目；

◆ 所有的参与者，包括：选手、专家、行政代表、技术代表、技术代表助理、国家技能组织首席执行官、领队、行政观察员、观察员、翻译、联络官员、成员组织支持人员、成员观察员。

注册情况可在网上查看。

各成员组织必须注意：在临时注册结束（赛前12个月）后一周，正式公布将举行的竞赛项目。在此之前，不得向选手作出任何承诺。成员组织应在技能项目正式确定后，再最终选定参赛选手。

第2阶段——专家和技术代表的注册

专家和技术代表的详细信息必须在赛前9个月提交（确定有对应的人员参加竞赛项目开发、准备，以及网络论坛讨论等）。

第3阶段——临时注册的更新

临时注册之后直至确定性注册（赛前4个月）期间，成员组织均可以更新注册信息。秘书处和竞赛主办方会自动接收到更新的信息。

第4阶段——竞赛项目的确定性注册

赛前4个月，成员组织必须最终确定其注册信息，即将要参加的竞赛项目。除非得到大赛主办方和世界技能组织竞赛项目主管的同时批准，否则不得更改。

翻译的全部详细信息必须在赛前4个月之前提交。

第5阶段——注册参与者的详细信息

通过世界技能组织官网，每位成员组织应向秘书处和大赛主办方提供每个参与者的认证信息，包括全名、电子邮件地址及照片（www.worldskills.org/registration）。

选手、领队、行政代表和行政观察员的详细信息必须至少在赛前2个月提交。若未及时提交，印制的资料和标识中将不能包含该参与者的信息。成员组织负责校对并检查参与者的姓名的拼写、格式、大小写等。

其他参与者的详细信息必须按大赛主办方的认证人员接待方案进行提交。

5 权限和认证

5.1 成员的义务

世界技能大赛之前，成员应行使以下两部分义务：

1. 成员全体代表团必须向竞赛主办方支付所有未支付的竞赛接待方案款项。

2. 成员必须向秘书处就其所负责的所有保险均已到位进行确认。首席执行官将大约在赛前 2 个月要求提交这些正式公函。

5.2 职责

竞赛主办方负责提供各项认证。竞赛主办方会同世界技能组织秘书处，共同确定认证系统的技术和后勤需求。

世界技能组织负责确定并批准竞赛项目和竞赛场馆的各项认证。

竞赛主办方负责制定入场权限以及批准与认证方案相关的各项认证。

5.3 进入竞赛场馆的权限

原则上，在竞赛开始之前，禁止观察员、媒体记者、普通公众进入竞赛场馆；一般观众则在比赛第 1 天之前及比赛第 4 天之后禁止入内。观察员和媒体记者可由世界技能组织首席执行官、竞赛项目主管或营销与传播总管根据具体情况授予特殊访问权限（进入场馆）。

5.4 进入竞赛场地的权限

只有获得正式认证的人员方可进入竞赛场地。竞赛项目经理、专家、场地经理、场地经理助理、翻译和技术观察员只能进入所注册的竞赛项目的竞赛场地。

5.4.1 随时进入的权限

以下人员可以在任何时候进入竞赛场地：

- 董事会成员；

- 行政代表和技术代表；
- 秘书处人员和竞赛支持人员；
- 技能顾问；
- 独立的质量审计员；
- 标准和测评顾问。

但在没有竞赛项目经理、首席专家或来自其他成员组织的专家陪同的情况下，不得与本成员组织的选手接触。

5.4.2 特殊情况下的进入权限

以下人员可以在特殊情况下进入各竞赛场地，但必须在进入场地的第一时间向竞赛项目管理团队的某名成员表明自己的身份：

- 领队可以随时进入有本成员组织选手参赛的所有竞赛场地，并可与本成员组织的选手直接接触；
- 技术代表助理只能进入有本成员组织的专家和／或选手的竞赛项目比赛场地。

以下人员进入竞赛场地应根据具体情况处理，在得到世界技能组织首席执行官或竞赛项目主管的批准后方可以进入竞赛场地：

- 竞赛主办方工作人员和志愿者；
- 未来的竞赛主办方观察员；
- 设备供应商技术人员（在事先无法预料的情况下）。

行政观察员、观察员和他们的翻译，不得进入竞赛场地或参加竞赛项目管理会议。

6 人员身份

6.1 选手（Competitor，C）

6.1.1 选手数量

每个成员组织可有一名选手或者团队项目中规定数量的一组选手参加一个竞赛项目的比赛。

团队项目分别为制造团队挑战赛（3人）、机电一体化（2人）、移动机器人（2人）、园艺（2人）、混凝土建筑（2人）、网络安全（2人）、工业4.0（2人）、轨道车辆技术（2人）、机器人系统集成（2人）。

6.1.2 年龄限制

对于大多数竞赛项目，选手在竞赛举行的自然年的年龄不得大于22岁。本规则的例外项目为：

增材制造	信息网络布线
飞机维修	机电一体化
数字建造	制造团队挑战赛
云计算	光电技术
网络安全	机器人系统集成
工业设计技术	水处理技术
工业4.0	

以上项目，选手在竞赛当年的年龄不得大于25岁。

特殊情况需由专家们提出请求并证明其合理性，由竞赛委员会同意，并在赛前12个月的全体成员大会上得到批准后，可以存在例外。详细流程可联系竞赛项目主管咨询。

6.1.3 只能参赛一次

一名选手只能在一届世界技能大赛中参加一次正式竞赛项目。选手不得在后来的世界技能大赛中参加不同的竞赛项目的比赛。

特殊情况可由董事会进行审议。

6.1.4 残疾选手

世界技能组织与国际残疾人职业技能大赛委员会合作。

◆ 若身体状况不影响其在规定时间内完成测试项目，有残疾的选手可参加竞赛。但可在其工作准备和工作场地布置中使用额外的时间。

◆ 选手完成的测试项目，需要按照世界技能组织指南进行同样的评测。

◆ 年龄限制方面的例外情况由竞赛委员会提出建议，并需在赛前12个月的全体成员大会上批准通过。

◆ 在世界技能大赛举行的同时，大赛主办方也可同期举行采用不同指导方案的残疾选手技能竞赛。这种情况需按照为残疾选手制定的特殊标准对测试项目进行测评。大赛闭幕式上，将在世界技能大赛的奖项颁奖之后为残疾选手颁奖。

6.1.5 关怀责任

参见竞赛规则 7.1.1。

所有参赛选手必须有陪同的专家。本规则的例外情况应由竞赛委员会管理团队研究考虑。

6.2 领队（Team Leader，TL）

6.2.1 定义

领队是由成员组织选定、在竞赛期间与选手联系的人员。领队的关键作用是关照远离家乡并承受巨大压力的年轻选手们的身心健康，维持纪律和规范行为。

成员组织可决定其领队们是分配至特定的竞赛项目，还是所有的领队共同负责全部选手。

6.2.2 数量

不论参赛代表团人数多少，所有成员组织代表团都可配备 2 名领队。超过 20 名选手的代表团可有 3 名领队。超过 30 名选手的代表团可有 4 名领队。

6.2.3 进入权限

比赛期间，领队与选手接触不受限制，但不得就技术信息、竞赛任务、评测和可能的解决方案进行交流。

6.2.4 疾病或事故

本队任何选手出现疾病或事故必须第一时间向本成员组织的领队汇报。领队与本成员组织专家应向行政代表和技术代表汇报。

6.3 竞赛项目管理团队（Skill Management Team，SMT）

每个竞赛项目都有竞赛项目管理团队负责管理工作。团队成员包括竞赛项目经理、首席专家、副首席专家。每个竞赛项目管理团队的成员应该来自不同的国家或地区。

6.3.1 职责

竞赛项目管理团队负责竞赛项目的正确准备和实施、遵守竞赛规则,以及执行自己的决策和竞赛委员会的决策。

6.3.2 技能管理计划

竞赛项目管理团队制订技能管理计划,详细说明从"比赛之前"直到"比赛结束"期间实施竞赛所需的计划、日程安排和任务。技能管理计划将使用在线工具准备(https://skill-management.worldskills.org)。

6.4 竞赛项目经理(Skill Competition Manager,SCM)

竞赛项目经理应在其被任命的竞赛项目中至少两次担任首席专家、副首席专家或专家。竞赛项目经理负责在赛前21个月至赛后1个月期间,管理、指导和领导竞赛项目的开发和实施。在此期间,竞赛项目经理与竞赛主办方和竞赛项目主管协同工作。竞赛项目经理是竞赛项目管理团队的一员。

6.4.1 任命

下一届的竞赛项目经理由世界技能组织任命。候选人通过表达兴趣及赛后立即启动的申请流程,在赛后3个月确定任命。竞赛项目经理应是与任何成员组织或机构在即将举行的竞赛中对选手/团队技术培训方面不存在任何关系的中立个人。任命周期原则上为一届大赛的工作周期。

6.4.2 资质、经验、个人品质与道德标准

竞赛项目经理必须达到如下要求:

◆ 具有可靠的记录证明其担任过首席或副首席专家,或至少两次在竞赛中担任所任命竞赛项目的专家;

◆ 在所任命的竞赛项目的专业领域有足够的能力和丰富的经验;

◆ 对职业教育和培训的标准和评价和/或相关行业领域有先进的知识、理解力和专业能力;

◆ 具备很好的书面与口头英语沟通能力,但不排除需要翻译;

◆ 有很好的管理和领导技巧;

- 有很好的人际关系处理技巧；
- 高度正直和诚信。

6.4.3 与本成员组织和选手的联系

竞赛项目经理在本成员组织选手（或团队）名单公布之前或赛前12个月（以先到者为准），可以参加本成员技能组织的所有活动。该时间节点之后，竞赛项目经理必须停止所有对本成员组织选手或团队的技能相关培训。

参加团队建设和团队开发，如培养精神态度、开展使团队更紧密的体育活动，以及进行运动心理和营养方面的演讲是被允许的。

竞赛项目经理可以继续担任其成员组织的委员会和董事会成员，并可参加下一轮大赛的省级和/或洲级比赛的评判工作。

他们还可以在下届世界技能大赛之前12个月以前参加地区级竞赛。

竞赛项目经理在本成员组织选手（或团队）名单公布之后或者赛前12个月以内（以先到者为准），如其他成员组织邀请其为选手进行项目相关培训时，应拒绝该邀请。在上述时间范围内，如其他成员组织邀请其在全国或地区的范围内进行竞赛执裁，也同样应当拒绝。

6.5 首席专家（Chief Expert，CE）

首席专家是负责进行管理、指导和领导某个竞赛项目的专家，也是竞赛项目管理团队（SMT）的一员。

首席专家需确保所创建的竞赛环境能确保每一名选手在4天的竞赛期间发挥最佳竞技水平。首席专家还担任了对专家们竞赛的准备、运行、测评和打分进行管理的重要角色。首席专家对竞赛项目的诚信和安全负有最终责任，并应确保遵守所有相关规则、程序和评测的实践方法。

6.5.1 资质、经验、个人品质与道德标准

除了对专家的所有要求（参见竞赛规则6.7），首席专家还应该符合以下标准：

- 有良好的英语书面及口语沟通能力；
- 至少担任过以前一届世赛的专家工作；

◆ 对职业教育和培训的标准和评价和／或相关行业领域有先进的知识、理解力和专业能力；

◆ 在相关工作岗位或职业方面具有很强的能力和经验；

◆ 有很好的管理和领导技巧；

◆ 有很好的人际关系处理技巧；

◆ 能够使用计算机并通过互联网进行沟通，包括促进所在竞赛项目的论坛讨论，以及与竞赛项目主管合作；

◆ 在本届和下届大赛之间与世界技能组织沟通并回应；

◆ 必须具有高度正直、诚实、客观和公平的品格，并在需要时与他人积极合作；

◆ 同意担任首席专家或副首席专家。

具体参见竞赛规则 6.7.2。

6.5.2 专家们的多数决定

涉及竞赛项目的决定，最好由专家们一致同意而作出。如果专家们无法在合理时间内达成一致决定，首席专家就会对此事进行表决。简单多数（在场专家的 50%+1）将作为最终决定。缺席专家必须被告知作出的决定，但无法改变决定。

决定将由竞赛项目经理或者首席专家进行记录，使用"决策、行动和／或协议记录表"（Decisions，Actions，and/or Agreement form），详见 https://skill-management.worldskills.org。

6.5.3 与竞赛委员会的联系

首席专家可与负责领导竞赛委员会的董事会成员或竞赛项目主管直接联系，以了解与竞赛项目的准备和组织有关的事宜。他们可能会被要求参加竞赛委员会和／或竞赛项目管理会议。

6.5.4 禁止外部协助

首席专家不可向外部人员，或前首席专家、专家寻求大赛任何方面的协助。测试项目由第三方设计的例外（参见竞赛规则 10.5）。

6.5.5 提名、选择和批准

大赛前 2 个月，竞赛项目主管通知有资格代表竞赛项目管理团队的成员技术代表和专家本人。有资格的人选被要求向竞赛项目主管确认他们被提名为首席专家的意愿。这份初步提名清单将在比赛前在官网的专家中心公布，供所有专家审议。

竞赛项目经理负责主持选择过程。

在竞赛期间，竞赛项目经理再次检查/确认那些符合要求的专家们是否愿意担任首席专家。任何表明其不再希望担任专家的人选都将被从名单中移除，而现在希望参加的专家将被添加到提名中。此流程必须在竞赛第 4 天的 18:00 之前完成，并且锁定提名。

选举在锁定之后立即开始，在大赛结束后第一天 14:00 结束。有关专家登录至专家中心，按优先顺序对三名专家投票。由申请系统为第一名分配 3 个点，为第二名分配 2 个点，为第三名分配 1 个点。竞赛项目经理不进行投票。

在大赛结束后第一天的 14:00 或之前的时间，如果所有专家都完成投票，竞赛项目经理将锁定申请系统并生成结果。有关专家需登陆申请系统并对提名结果进行电子签名。

竞赛项目经理必须向竞赛项目主管提交本项目首席专家、副首席专家及候补推荐名单，上述工作应在大赛期间离开竞赛场馆前完成。

注意：此选举仅涉及竞赛项目管理团队及其候补人员的提名。获得最高分数的专家将被提名为首席专家，获得第二高分数的专家将被提名为副首席专家。

提名的首席专家和副首席专家必须满足以下全部条件：

◆ 得到竞赛项目经理的推荐；

◆ 得到所在成员组织的支持；

◆ 得到负责领导竞赛委员会的董事会成员的批准。

竞赛后 2 个月之内，竞赛项目主管将其专家担任首席专家一事告知其本成员组织技术代表并征求其初步同意。这确保了各届大赛之间的发展和沟通的连续性。

大致在赛前 12 个月举行的竞赛委员会会议之前 6 周，世界技能组织将征求成员组织技术代表（抄送至行政代表）的同意，以便他们的专家被指定为首席专家或副首席专家。

如果成员组织同意，并经负责领导竞赛委员会的董事会成员批准，则该首席专家和副首席专家将被任命。所有经过批准的首席专家和副首席专家名单，将在赛前 12 个月的竞赛委员会会议前公布。

时间	流程
赛前2个月	竞赛项目主管通知有资格代表竞赛项目管理团队的成员技术代表和专家本人； 有资格的人选要求确认其是否同意被提名为首席专家； 提名清单在官网的专家中心公布
竞赛期间	竞赛项目经理询问符合条件的专家，确认他们是否愿意担任首席专家。同时也确认是否还有其他人员有意愿参加，并更新列表
比赛第4天18:00	提名流程完成并锁定； 启动选举流程； 有关专家登录至专家中心，按优先顺序为三名专家投票
在大赛结束后第1天14:00之前	选举流程结束； 竞赛项目经理生成结果； 有关专家登录至专家中心并对结果进行电子签名
在离开竞赛场馆之前	竞赛项目经理向竞赛项目主管提交本项目首席专家、副首席专家推荐名单
在赛后2个月之内	竞赛项目主管告知其本成员组织技术代表并征求其初步同意
大致在竞赛前12个月	世界技能组织将征求成员组织的技术代表（抄送至行政代表）的同意，同意其专家被认定为首席专家或副首席专家 如果成员组织同意，并经负责领导竞赛委员会的董事会成员批准，则该首席专家和副首席专家被任命 所有经过批准的首席专家和副首席专家的名单，将在赛前12个月的竞赛委员会会议之前公布

注：如有不符合此时间表的例外情况，必须事先征得负责领导竞赛委员会的董事会成员的同意。

6.6 副首席专家（Deputy Chief Expert，DCE）

6.6.1 定义

副首席专家为首席专家就竞赛项目的准备和执行提供协助。副首席专家也是竞赛项目管理团队的一员。

6.6.2 资质、经验、个人品质与道德标准

参见竞赛规则 6.5.1 对首席专家的要求。

6.6.3 职责

副首席专家由首席专家分配任务，并与首席专家共同构成竞赛项目管理团队，其主要职责是为首席专家提供支持。

副首席专家还需要确保完成项目技术说明的所有变更，并得到至少 80% 专家的同意

和签字确认，在大赛结束后第 1 天的下午 16:00 之前将电子版提交至秘书处。

6.6.4 提名、选择和批准

参见竞赛规则 6.5.5。

6.7 专家（Expert，E）

6.7.1 定义

专家是在某项技能、职业或技术上有丰富经验，代表某个成员组织参与和其专业相关的竞赛项目的个人。

6.7.2 资质与经验

专家必须满足以下条件：

◆ 具有正式的／被认可的资质，在他们被委派的技能项目上确实有行业和／或实际工作经验；

◆ 对职业教育和培训的标准和评价和／或相关行业领域有先进的知识、理解力和专业能力；

◆ 成为成员国家或地区在技能竞赛中被认可的专家；

◆ 得到所在成员组织技术代表的同意，本国家或地区的相关行业组织或教育机构认可其技术能力；

◆ 有与项目相关的竞赛经验和／或执裁经验；

◆ 掌握并遵守竞赛规则、技术说明和大赛其他官方文件；

◆ 具备世界技能专业发展框架所要求的相关专业知识；

◆ 必须具有高度正直、诚实、客观和公平的品格，并在需要时与他人积极合作。

6.7.3 提名与认证

所有成员组织可为每一个注册的竞赛项目提供一名专家。任何成员组织不得在比赛场地有第二名专家。专家必须隶属于他们被认证的成员组织。专家的姓名必须由成员组织在赛前 9 个月在世界技能组织的注册系统中注册。

若成员组织未能在赛前 9 个月之前注册某个专家姓名，该专家在大赛准备和评测工作中可承担的内容将由竞赛项目管理团队决定。若竞赛项目管理团队不同意该专家参与全部或部分的准备及评测工作，该专家可以在竞赛期间留在场地内观摩。

6.7.4 必修的（强制性）培训

世界技能的准入计划（Access Programme）体现了在训练设计中的国际良好实践方法，包括必修单元以及为未来学习所需的辅助单元。预计总计学习时间为 20 小时。

必修单元（所有的新任专家和未参加过上届大赛的老专家都必须完成）：

- 总体简介；
- 道德和行为、身心健康；
- 职业测评的介绍。

对于新任专家和未参加本项目上届大赛的老专家，成员组织必须组织并按照评估要求让其完成两个必修模块，完成时间为赛前 4 个月之前。参加过 2 次及以上世界技能大赛的专家，应对照前两个模块的内容和评测要求进行学习和自查，并及时学习最新的内容。

成员组织必须就专家学习情况做好相关文档和学习成果记录，需要的时候供世界技能组织检查。

未完成以上准入计划的两个必修模块学习的，可以认证为专家，但不得参加评分活动。他们可以在竞赛项目的运行中承担其他职责的工作。

辅助单元（可以从竞赛项目主管处获取）：

- 全球职业标准的介绍；
- 世界技能大赛测评的介绍（设计和准备）；
- 世界技能大赛测评的介绍（组织、实践和质量保证）。

6.7.5 额外可自行进行的培训

在世界技能专业发展框架内，专业认可项目将为专家、成员组织提供更广泛的认证和更高水平的模块化课程。主要围绕以下主题开展：

- 领导与管理；
- 全球职业标准；
- 职业评测；
- 职业教育学。

6.7.6 职责

竞赛之前

参加大赛前，专家必须做到：

- 按模板完成他们的个人简历（包括认证资质、行业、竞赛经验），并提交至其技术代表，然后在赛前7个月之前提交至世界技能组织，本项只适用于新任专家和前期个人简历不合格的专家，有经验的专家不要求提交个人简历；
- 访问官网的专家中心 www.worldskills.org/expertcentre 查看相关文件；
- 完成在线常识及行业专门测试；
- 查阅并同意遵守道德与行为准则，并签署"世界技能道德与行为准则：个人承诺书"；
- 学习比赛相关的文件，包括竞赛规则、相应的健康安全和环境规范、相关标准和评估指南、技能管理计划、每个竞赛项目的技术说明和基础设施清单，以及所有其他的官方竞赛文件；
- 按照技术说明中的规定，开发测试项目或模块的建议方案（如有要求）；
- 为技术说明的更新准备提案；
- 根据竞赛规则、技术说明和其他相关官方竞赛文件，完成必要的赛前要求；
- 完成准入计划的两个必修模块。

竞赛期间

比赛期间，专家必须做到：

- 比赛开始前，在适当的情况下协助首席专家和副首席专家最终确定测试项目细节、用于评测的子项标准的评分项、各子项标准评分项的分值；
- 参加强制性评测培训；
- 更新技术说明（由竞赛项目管理团队协调）；
- 提交其测试项目或模块建议方案（如有要求）；
- 确保测试项目信息的保密性；
- 协助对提前公布的测试项目进行30%更改（参见竞赛规则10.10.2）；
- 选定最终的测试项目（如有要求），并确保将测试项目翻译成本成员组织选手所选用的语言；

◆ 参加评分团队的专家，必须按照竞赛项目管理团队的指示，客观、公正地对选手的表现进行评测；

◆ 如果可行，参与竞赛项目的准备和执行，和对下一届大赛的测试项目的开发和选择；

◆ 确保所有选手都了解健康安全和环境规范，并确保在整个比赛期间严格遵守这些规范。

6.7.7 道德要求

所有的专家都必须高度诚信、诚实和公平。该方面最重要的要求，是确保任何选手或选手团队不得提前收到其他选手未收到的关于测试项目的信息而导致不公平的优势。

6.7.8 工具箱检查

参见竞赛规则 9.7.6。

6.7.9 保密

除非专家们一致同意，否则任何一位专家不得将测试项目的任何信息告知选手或其他任何人。

相关的技术说明、测试项目要求、竞赛规则以及本部分所列出的相关职责均对专家们适用。

6.7.10 与本成员组织选手的交流

参见竞赛规则 7.3.3。

6.7.11 对选手的责任——关怀、诚信、公平和透明

参见竞赛规则 7.1。

6.7.12 专家在测试项目准备和评测中的参与总结

参见竞赛规则 10.16。

6.7.13 论坛

专家、技术代表、场地经理和其他与大赛有关或受邀的人员，可以使用世界技能组织论坛来进行交流与协调测试项目的开发，并就该竞赛项目的总体发展开展合作。论坛链接地址为 https://forums.worldskills.org。首席专家或首席专家提名的一名专家担任论坛

版主（需由秘书处同意）。

6.7.14 论坛中作出的决议

大赛准备期间，在遵照多数决定的原则下（参见竞赛规则 6.5.2），论坛中专家们作出的决定是有效的。

某个竞赛项目的注册专家只要有 2/3 以上的成员参加投票，即被视为达到法定有效人数。在论坛上公布之后，投票需开放至少两周时间。

若某一名专家未参加某次投票，且该次投票达到了法定有效人数，这名专家有权被告知投票结果，且不得再次提出异议或要求重新投票。

决定将由竞赛项目经理或者首席专家进行记录，使用"决策、行动和／或协议记录表"。

6.8 技术代表（Technical Delegate，TD）

6.8.1 定义

每个成员组织的代表由一名行政代表和一名技术代表组成。行政代表和技术代表也在全体成员大会中代表该成员组织。

每个成员组织应提名一名技术代表，作为竞赛委员会中的代表。如果某一名技术代表被任命为负责领导竞赛委员会的董事会成员，该成员组织可指定一名替代的技术代表履行其技术代表职责。

6.8.2 技术代表的任命期限

成员组织必须在全体成员大会之前任命他们在世界技能大赛的技术代表。这确保了技术代表的资质，即同一人参加全体成员大会的竞赛委员会会议、竞赛准备周，并出席世界技能大赛。

6.8.3 参加竞赛准备周

技术代表必须参加竞赛准备周会议，并参加所有议程中要求技术代表参加的会议，包括培训课程等。如果某成员组织的技术代表未能参加竞赛准备周会议，则该成员组织被限定在接下来的世界技能大赛中只能派出选手参加 3 个竞赛项目的竞赛。

如果某成员组织的技术代表连续两次未能参加竞赛准备周会议，则该成员组织在接下来的世界技能大赛中不得参加任何竞赛项目的竞赛。

在该情况下，该成员仍然可以派出专家参加竞赛项目，但人数不限于3名。

6.8.4 及时提供资料及完成任务

技术代表必须确保及时向其选手和专家通知有关信息，并且确保所有的认证人员在赛前1个月之前在代表中心的指定任务的完成情况应为100%。参见竞赛规则6.7.4和6.7.5。

6.8.5 向选手提供信息

技术代表负责保证本成员组织选手获取相应的技术说明、竞赛规则、健康安全和环境规范以及其他官方竞赛文件。技术代表必须确保所有的选手在官网注册，以便在选手中心（www.worldskills.org/competitorcentre）直接获取相关文件和资源。

6.8.6 向专家提供信息

技术代表负责向专家传达其职责详细情况，并保证其获取相关技术说明、竞赛规则、健康安全和环境规范以及其他官方竞赛文件。技术代表必须确保所有的专家在官网注册，以便在专家中心（www.worldskills.org/expertcentre）直接获取相关文件和资源。

6.8.7 质量保证

质量保证文件将分发至每届竞赛的各位技术代表，由负责领导竞赛委员会的董事会成员指派，负责协调以下内容：

◆ 选手与领队；
◆ 健康、安全与环境；
◆ 可持续发展。

6.9 技术代表助理（Technical Delegate Assistant，TDA）

成员组织可任命至多两名技术代表助理，以协助技术代表履行其工作职责。

6.9.1 资质与经验

理想情况下，技术代表助理应为往届世界技能大赛中的专家或选手。

6.9.2 权限、权利、身份和责任

技术代表助理应该：

- 按照官方认证服务套餐参加大赛，食宿与专家相同；
- 与技术代表和专家一同到达竞赛场馆；
- 大赛期间可参加大赛竞赛委员会会议和竞赛项目管理团队会议；
- 只允许进入有本成员组织专家的竞赛项目场地；
- 不得在竞赛委员会中行使技术代表职能，但可列席／旁听会议；
- 有权限进入所有的论坛，但只能浏览不能发帖，任何评论只能由技术代表发布。

6.10 行政代表（Official Delegate，OD）

行政代表代表其成员组织参加战略发展委员会和全体成员大会。

行政代表了解战略发展委员会作出的重要决定。他们还通过全体成员大会及其与技术代表的伙伴关系，了解组织方面和技术方面的事项。

行政代表负责将这些信息传达给其成员组织和其他的利益相关方，并向负责领导战略发展委员会的董事会成员提供反馈。

6.11 竞赛委员会代表（Competitions Committee Delegate，CCD）

竞赛委员会代表是由负责领导竞赛委员会的董事会成员任命的一名技术代表，代表竞赛委员会，对1～2个竞赛项目的管理工作进行监督。担任竞赛委员会代表是对每一名技术代表行使其职责的强制性要求。

6.11.1 任职资格

担任竞赛委员会代表，该技术代表应该：

- 参加竞赛准备周会议，包括参加培训活动，完成要求的竞赛委员代表的专业开发；
- 在截止时间之前，组织完成新任专家的准入计划；
- 在技术代表和竞赛委员会代表的代表中心，其任务准备状态达到100%。

6.11.2 职责

竞赛委员会代表与竞赛项目经理协同工作，确保竞赛项目的专业开展。

竞赛委员会代表的职责还包括担任顾问、实施协调仲裁，以及提出批判性意见，以确保竞赛规则和竞赛委员会的决议得到遵循。

6.12 竞赛委员会代表领队（Competitions Committee Delegate Lead，CCDL）

竞赛委员会代表们被分成小组，由负责领导竞赛委员会的董事会成员委派富有经验的竞赛委员会成员，担任竞赛委员会代表领队。他们对3～4个竞赛项目的管理工作进行监督。

竞赛委员会代表领队应向负责领导竞赛委员会的董事会成员报告，并为本小组的竞赛委员会代表们提供指导。

6.13 翻译（Interpreter，I）

术语"译员（Translator）"或"翻译（Interpreter）"可指口语翻译或书面翻译。世界技能组织使用翻译（Interpreter）一词，包括了口语翻译和书面翻译双重工作。

世界技能大赛充分认可翻译的价值和重要性，因其能让专家们在没有沟通障碍的情况下协同工作，保证所有选手获取相同信息，公平竞赛。

6.13.1 权利

所有成员组织有权自费并配备翻译对测试项目进行翻译和沟通，并协助竞赛过程中的沟通。

6.13.2 资质

原则上，翻译应熟知所负责的技能项目领域的专业术语知识。

翻译必须通过竞赛规则测试。

6.13.3 任命

成员组织不得任命某个项目的往届专家或选手在该项目中担任翻译。

往届的翻译如果成为专家，不得再为其配备母语与英语的翻译。

6.13.4 分配

翻译由成员组织进行注册并纳入"翻译库"。大赛前4个月，每个成员组织翻译库中的翻译将按成员组织注册的技能项目跨行业随机分配。注册系统中以自动随机分配得到结果。

6.13.5 与选手的联系

除非首席专家或副首席专家同意，翻译不得与本成员组织选手直接联系。

6.13.6 赛场中的行为

◆ 本成员组织专家在首次专家会议时必须向大家介绍翻译。

◆ 竞赛正式开始后，翻译必须处于场地中央区域，或其他由首席专家指定的位置，并按要求随时待命。

◆ 从比赛第 1 天到比赛第 4 天，比赛期间的竞赛时间，翻译在进入或离开比赛场地时，应告知首席专家或副首席专家。

◆ 翻译必须保证将电子文件、复印件或已被翻译文档的原始文件交给首席专家保存。

◆ 首席专家必须在大赛结束后将翻译稿交至秘书处。

6.13.7 信息保密

选手不能因翻译工作而接收额外的信息。

6.14 场地经理（Workshop Manager，WM）

6.14.1 定义

场地经理需要在其经认证的竞赛项目中具有资质与经验，具体承担以下职责：

◆ 竞赛场地设施准备；

◆ 材料的准备；

◆ 确保竞赛场地安全；

◆ 注意健康、安全与环境因素；

◆ 确保竞赛场地区域的整洁卫生。

6.14.2 任命

各竞赛项目的场地经理由大赛主办方任命。他们也可以由全球合作伙伴或赛事赞助商任命。如果他们为某个与全球合作伙伴或赛事赞助商存在冲突的公司或代理商工作，则不得任命。

6.14.3 报告

场地经理向大赛主办方报告。技术方面的问题，场地经理也应向首席专家汇报。

6.14.4 特殊安排

负责领导竞赛委员会的董事会成员和竞赛项目主管，告知场地经理与竞赛项目实施相关的特殊安排和／或事项。

6.14.5 到场

从专家开始竞赛准备至整个竞赛，至最后专家评测及其他工作结束，场地经理必须一直在比赛场地（原则上从比赛尚未开始的前 4 天到比赛结束后 1 天）。

6.14.6 中立性

场地经理对选手的行为必须保持中立。他们不参与测试项目选择和评测讨论，而且如情况允许，在测试项目评分时应离场回避。但如专家有需要，可以与场地经理协商。

6.14.7 与本成员组织和选手联系

场地经理在本成员组织选手（或团队）名单公布之前或赛前 12 个月（以先到者为准），可参加本成员组织的所有技能活动。之后，场地经理必须中止所有对本成员组织选手或团队的技能相关培训。

参加团队建设和团队开发，如培养精神态度、开展使团队更紧密的体育活动，以及进行运动心理和营养方面的演讲是被允许的。

场地经理可以留在其成员组织的委员会和董事会，并可参加下一轮大赛的省级和／或洲级比赛的评判工作。

在本成员组织选手（或团队）名单公布之后或者赛前 12 个月以内（以先到者为准），如其他成员组织邀请其为选手进行技能相关培训时，场地经理应拒绝邀请。在上述时间范围内，如其他成员组织邀请其在全国或者地区的范围内进行竞赛执裁，也同样应当拒绝。

6.15 场地经理助理（Workshop Manager Assistant，WMA）

经负责领导竞赛委员会的董事会成员及竞赛项目主管同意，大赛主办方可任命一名或多名场地经理助理。场地经理助理应与场地经理一样，遵守相同的规章制度。场地经理助理向场地经理报告。

6.16 场地领域经理（Workshop Sector Manager，WSM）

场地领域经理需要在其所任命的竞赛项目所属行业领域中有资质和经验。场地领域经理负责监督其行业领域的场地经理。

6.16.1 任命

大赛主办方将为每一个行业领域任命场地领域经理。

6.16.2 报告

场地领域经理向大赛主办方报告，如果是技术方面的事宜，也应向首席专家汇报。

6.16.3 中立性

场地领域经理对选手的行为必须保持中立。他们不应参与测试项目的选择和评测以及相关的讨论。但如专家有需要，竞赛项目管理团队可以与场地领域经理协商。

6.16.4 与本成员组织和选手联系

场地领域经理可参加本成员组织的所有技能活动，直至在本成员组织选手（或团队）名单公布之前或赛前12个月（以先到者为准）。之后，场地领域经理必须中止所有对本成员组织选手或团队的技能相关培训。

参加团队建设和团队开发，如培养精神态度、开展使团队更紧密的体育活动，以及进行运动心理和营养方面的演讲是被允许的。

场地领域经理可以留在其成员组织的委员会和董事会，并可参加下一轮大赛的省级和/或洲级比赛的评判工作。

如其他成员组织邀请其为选手进行技能相关培训时，场地领域经理在本成员组织选手（或团队）名单公布之后或者赛前12个月以内（以先到者为准），应拒绝邀请。在上述时间范围内，如其他成员组织邀请其在全国或者地区的范围内进行竞赛执裁，也同样应当拒绝。

6.17 观察员和其他职位

每个成员组织在自费的前提下,可安排行政观察员(2人)和一定数量的其他类型观察员及代表参加大赛。

行政观察员、观察员,和以下列出的代表,如果希望参加官方活动和住宿,必须和专家及代表以相同的方式进行注册。

鼓励行政观察员、观察员,以及其他代表、专家之间交流想法和经验,但不得在竞赛场地中进行。

6.17.1 行政观察员(Official Observers,OO)

行政观察员为来自成员国家或地区的重要人员,可参与世界技能组织会议和大赛主办方组织的特殊活动。

每个成员最多只能有两名行政观察员。

6.17.2 观察员(Observers,O)

观察员是以官方接待服务包的形式参加大赛的观众。他们不享受特别待遇。

6.17.3 成员组织支持人员(Member Organization Support,MOS)

成员组织支持人员是在世界技能大赛中没有相关官方身份,但是对于成员代表团的运行有重要作用的人员。这些人员可以和专家或选手住在同一家酒店,他们可以被以"观察员"的身份进行认证,他们不是领队。

每个成员可以有不超过5名的成员组织支持人员。

6.17.4 成员观察员(Member Observer,MO)

成员观察员是指已经定制了像观察员一样的官方套票的观众,但是,是由成员预订并包含在成员组织的套票发票中。这些通常是成员的工作人员和主要利益相关方。他们不享受特别待遇。

6.17.5 联络官员(Communications Officer)

联络官员是指属于成员组织的负责联络沟通的人员。这些人员可以和专家或选手住在同一家酒店,他们可以被以"联络官员"的身份进行认证。

每个成员可以派出不超过5名的联络官员。

6.17.6　技术观察员（Technical Observer，TO）

技术观察员将是下届大赛的场地经理。他们被允许进入所认证的竞赛项目比赛场地以获取相关经验。每个竞赛项目只能安排一位技术观察员。

6.17.7　未来竞赛主办方观察员（Future Competition Organizer Observer）

未来竞赛主办方观察员是来自下届竞赛组委会的人员。每位未来竞赛主办方观察员，将按照其职务和职责进行经过定制的认证，以在竞赛的不同环节、不同时间参与竞赛。

6.18　质量审计员（Quality Auditor，QA）

质量审计员由董事会任命并向董事会报告，其工作职责主要包括两个部分：

- 对大赛就流程与大赛实际运行情况进行独立评估，旨在提出改进建议；
- 监督裁判和准确成绩的汇总。

质量审计员在大赛期间不参与任何问题解决活动，但与负责领导竞赛委员会的董事会成员就实时问题进行商议。

6.19　标准与评测顾问（Standards and Assessment Advisor，SAA）

标准与评测顾问由负责领导竞赛委员会的董事会成员推荐而任命。标准与评测顾问监督世界技能大赛评测体系，包括通过纳入技术说明、评测方案中清晰规定的世界技能职业标准，以开发最佳的评测方法。

标准与评测顾问必须满足以下条件：

- 具备大赛经验；
- 具备评测方面广泛而丰富的知识；
- 具备世界技能大赛相关的评测准备经验；
- 熟悉 CIS 的工作知识。

6.20 技能顾问（Skill Advisor，SA）

技能顾问为竞赛项目管理团队提供协助，就设计和实施评测方案和实际评测方法提供支持。基于对上届大赛的分析结果，技能顾问审核上届大赛 10 个以内技能项目的评测方案，从而在竞赛项目中为首席专家和副首席专家提供支持与帮助。

竞赛管理团队在同标准与评测顾问商议后，任命技能顾问。技能顾问向竞赛项目主管报告。

6.21 首席执行官（Chief Executive Officer，CEO）

世界技能组织首席执行官的主要职责是负责大赛准备与执行以及相关活动的开展。这些工作必须与董事会、大赛主办方、秘书处职员及其他利益相关方协商。首席执行官其他职责参见议事规则、竞赛规则和大赛组织指南。首席执行官也负责与大赛主办方协作，以制定大赛方案和相关文件。

6.22 竞赛项目主管（Director of Skills Competitions，DSC）

竞赛项目主管负责与领导竞赛委员会的董事会成员、秘书处职员及竞赛委员会密切合作，就竞赛项目的准备与实施进行管理。

6.23 负责领导竞赛委员会的董事会成员（Board members responsible for Competitions Committee leadership，CCL）

负责领导竞赛委员会的董事会成员依照世界技能组织章程，负责与竞赛项目相关的所有技术和组织事项。负责领导竞赛委员会的董事会成员可任命一名替补的技术代表，以行使其作为技术代表的职责。

6.24 竞赛委员会（Competitions Committee，CC）

竞赛委员会由技术代表们组成。由负责领导竞赛委员会的董事会成员共同主持，并应由其邀请召集会议，以研究处理竞赛项目相关的技术和组织事项。竞赛委员会通过其主席向董事会和全体成员大会报告。

通过其主席，竞赛委员会就与本竞赛规则或技能特定文件中未涉及的竞赛项目有关的任何事项向全体成员大会提出建议。

负责领导竞赛委员会的董事会成员依照世界技能组织章程，负责竞赛项目相关的所有技术和组织事项。

竞赛项目主管负责与领导竞赛委员会的董事会成员、大赛主办方、秘书处职员和竞赛委员会密切合作，就竞赛项目的准备与实施进行管理。

6.25 竞赛委员会管理团队（Competitions Committee Management Team，CCMT）

负责竞赛委员会的董事会成员、世界技能组织首席执行官，以及竞赛项目主管，组成竞赛委员会管理团队，协调竞赛委员会的工作。

6.26 秘书处（Secretariat）

秘书处的职责是与大赛主办方密切合作，为大赛提供管理服务并对大赛实施有效管理。

6.27 健康、安全与环境检查团队

健康、安全与环境检查团队进行质量审核，同时应考虑到竞赛的健康、安全与环境要求（参见竞赛规则"14.健康、安全与环境"）。

❼ 竞赛项目管理

7.1 大赛之前

7.1.1 对选手的关怀责任

应确保每一名选手得到以下服务：

活动/措施	负责人
在官网注册,以便在选手中心直接访问所有的资源	技术代表
技术说明、竞赛规则、健康安全和环境规范,以及所有其他官方竞赛文件	技术代表或者本成员组织专家
以其选定的语言编写的纸质测试项目指令	本成员组织专家
测试项目评分概要表	竞赛项目管理团队
设备场地熟悉时间(参见竞赛规则7.2.2)	竞赛项目管理团队
本成员组织专家选手交流(参见竞赛规则7.3.3)	本成员组织专家
需要时能联系到翻译	竞赛项目管理团队、本成员组织专家
随时能联系到领队	竞赛项目管理团队、本成员组织专家
竞赛时间表	竞赛项目管理团队
健康、安全与环境协议	场地经理
道德与行为准则	领队
沟通卡	竞赛项目管理团队

7.1.2 技术代表对选手的责任

技术代表(成员组织认可的)有责任保证本成员组织选手获取下列信息:

◆ 访问官网的选手中心 www.worldskills.org/competitorcentre,以获取所有相关文件;

◆ 相关的技术说明和基础设施清单;

◆ 竞赛规则;

◆ 道德与行为准则;

◆ 健康、安全与环境协议;

◆ 按照技术说明在赛前公布的测试项目;

◆ 其他可能需要的工具和/或设备或材料的相关信息;

◆ 主办国家或地区的文化、风俗和法律知识。

7.1.3 诚实、公平、透明

选手在大赛中拥有被诚实、公平、透明对待的权利,包括:

◆ 得到清晰、无歧义的书面指令;

◆ 所有的必要设备与材料，应按照技术说明与基础设施清单提供；

◆ 选手不应该获得任何不公平的优势，具体应做到：

● 应在同一时间提供有关测试项目的相同的信息（以选手选择的语言），在竞赛项目为轮班比赛时，可以存在例外情况；

● 所有的选手得到同样的评分概要表；

● 专家们和官员们，为确保选手能够完成测试项目所提供的帮助应该是一致的；

● 官员或观众不得对竞赛活动进行干涉，包括阻碍或协助选手。

◆ 所有认证的人员应保证以上诚实、公平、透明的原则在竞赛全程中得到遵循。

7.2 竞赛期间

选手应以自己选定的语言，获取到测试项目及评测要求详细信息，尤其应包括：

◆ 评测标准的相关信息，包括评分概要表，而不是最终的详细评分表；

◆ 可使用或不可使用的辅助材料、辅具的详细信息（例如模板、图样、图案及量规等）。

选手必须收到有关大赛组织的详细信息，包括：

◆ 健康、安全与环境协议及违约的处罚措施；

◆ 大赛时间表，包括午餐时间及测试项目/模块完成时间；

◆ 有关竞赛场地进入和退出时间及条件的规定信息；

◆ 测试机器的时间与方式；

◆ 违反竞赛规则及道德与行为规范的处罚性质和范围。

必须通知选手如下信息：

◆ 选手应遵循主办方的安全规范，安全使用所有自带的工具、机床、设备及辅助材料；

◆ 竞赛开始前，专家将按技术说明检查是否携带了违禁材料、工具或设备；

◆ 所有的竞赛项目每天都将进行工具箱检查。

所有的选手都将拿到一个沟通卡，一面为红色，一面为绿色，以帮助选手用视觉符号进行沟通。

7.2.1 工位的指定

工位由抽签随机分配给选手。抽签可能在比赛前由竞赛项目主管进行，或在竞赛期间由专家或选手进行。

7.2.2 熟悉竞赛场地和设备

比赛开始前，选手有5～8小时的时间准备其工作区，同时对工具及材料进行检查和准备。任何例外情况，应在大赛开始至少3个月之前得到负责领导竞赛委员会的董事会成员和竞赛项目主管的批准。

在专家和场地经理的指导下，选手可利用该时间与相关支持，熟悉设备、工具、材料与流程，并练习竞赛中使用的设备和材料。

选手有权提出问题。若流程的难度太大，必须由专门指导人员就流程进行演示，而且选手应有机会进行练习。

熟悉赛场结束后，选手将在熟悉场地的协议上签字，确认已熟知所有事项。

7.2.3 量具的检查

选手自带的量具应与评测所使用的量具进行校对，避免出现误差。

7.2.4 个人详情及语言偏好

选手按要求提交护照或身份证以验证其身份及出生日期。护照或身份证上的国籍可与参赛代表成员组织不一致。此外，将检查并记录选手希望接收测试项目和评分表概要的语种。

7.3 比赛期间

7.3.1 工作的开始与结束

选手必须等待首席专家发出相应的指令之后才能开始工作。对于需要进行"计时"的竞赛项目，他们必须遵循首席专家的命令才能结束。

7.3.2 延长时间

延长时间是允许完成测试项目或测试项目模块的额外时间。例如，专家们同意选手需要25小时而不是22小时。该时间不包括短暂的超时，也不针对个别选手。

如果非模块化的测试项目需要延长时间，首席专家必须首先获得竞赛项目经理的批准，然后在不晚于比赛第二天当天结束前，获得负责领导竞赛委员会的董事会成员以及竞赛项目主管的批准。在批准延长时间之前，必须研究所有可能的替代解决方案。

可以在特定的竞赛日为模块化测试项目延长时间，在这种情况下应告知领队。

7.3.3 本成员组织专家和选手的沟通与接触

比赛时间

比赛时间是指选手在其工位上对测试项目进行工作的时间。比赛期间，在没有其他成员组织专家在场且同意其与本成员组织选手沟通的情况下，本成员组织专家与选手不得交流。未经首席专家允许，比赛期间专家不得与其他选手或客人交流。

本成员组织专家和选手沟通

比赛日的早上和晚上，本成员组织专家与选手有15至30分钟的正式沟通时间，只能为口头沟通，不得使用任何记录或交换信息的物品，如笔、纸、手机或电子设备。专家未完成其强制性准备任务的，仍然可以参加与本成员组织选手的沟通。

除非在竞赛项目开始之前由竞赛项目管理团队同意，否则不允许专家向选手提供任何帮助以解读测试项目（如果已公布）。所有提出的问题应由竞赛项目管理团队解答。

比赛时间之外

选手及其成员组织专家可以在比赛时间之外的任何时间进行交流，涉及故障排查的竞赛项目除外。这种情况下，选手应在比赛场地午餐（不得外出用餐）。

7.3.4 涉及故障排查的竞赛项目

故障排查元素（部分）应独立设计。故障应由独立的人员秘密地设置，专家们不得知晓故障情况。

7.3.5 疾病或事故

如果选手生病或发生事故，必须第一时间通知首席专家及选手的领队和专家。竞赛项目管理团队将决定是否对延误的时间进行补时。如果选手因疾病或事故而不得不退赛，将对其已完成的工作进行评分。将尽一切努力协助选手返回并考虑补时。这必须记录在"事故/事件表和选手超时表"上。

7.3.6 健康、安全与环境

未能遵守安全指令的选手可能会被扣分。如果持续和/或重复出现不安全操作,选手将被暂时中止比赛,直至取消比赛资格。专家们必须确定扣除的分值,并在比赛前1天之前通知选手。

7.3.7 测试项目检查和评分概要表

参见竞赛规则 10.10。

7.4 竞赛之后

7.4.1 观点和经验交流

比赛结束后,选手将有一小时的时间与其他选手和专家交流观点与经验。

7.4.2 整理与打包

首席专家将对工具和设备的整理与打包发出指令。竞赛场地,包括材料、工具、设备等,必须保持干净整洁。

8 技术说明

8.1 内容和范围

每个竞赛项目都有技术说明,包含如下内容:
- 竞赛项目的名称;
- 相关工作角色或职业;
- 世界技能职业标准;
- 评测策略;
- 评分方案;
- 测试项目的格式/结构;
- 测试项目的开发、选择、生效及30%变更流程;
- 竞赛项目的管理和沟通交流;
- 任何与技能相关的健康、安全与环境要求;

- 由选手和专家提供的材料和设备；
- 竞赛区域禁止使用的材料和设备；
- 竞赛项目特定规则；
- 访客参与和可持续性；
- 行业咨询参考。

技术说明还可以给出竞赛项目比赛场地布局的示例，通常来自之前的比赛。

技术说明中不包括对大赛主办方提供的材料和设备的说明。这些将在基础设施清单中说明。

8.2 优先级

如果技术说明的不同语言版本之间存在差异，则以英文版本为准。

技术说明不得与竞赛规则相抵触，竞赛规则优先。

8.3 可用性

技术说明将以英语版本于赛前12个月在网站上予以公布。源文件及与上届技术说明不同之处可从竞赛项目主管处获取，以便成员组织翻译成其他语言版本。

8.4 更新与生效

8.4.1 专家们审核

专家们在每个竞赛循环周期审核技术说明，以确保其反映全球范围内的行业和商业最佳实践方法。

审核内容可能包括：

- 增加新的特殊工具和设备；
- 任何规范内容的更改，按照竞赛规则8.1所列内容；
- 竞赛项目特定规则的更改（参见竞赛规则8.5）。

为下届比赛的技术说明的更新建议将由至少80%的专家在比赛结束后第1天的16:00之前签字同意。如有不符合此时间的例外情况，必须事先征得负责领导竞赛委员会的董事会成员或者竞赛项目主管的同意。

将使用命名为"TD××"（×× 技术说明）的模板以创建或更新技术说明。

8.4.2 质量保证、咨询和更新

每份技术说明，附以专家建议，将按两部分进行审核：章节 1 和章节 2，以及章节 3 和后续部分。

对章节 1 和章节 2 的修改内容建议：对于职业描述和世界技能职业标准，将按照国际对职业标准的要求，对其格式和内容质量进行检查。对于不符合质量要求的内容，将转给竞赛项目经理进行讨论和改进。

一旦满足这些要求，每项技术说明和世界技能职业标准将发送至行业和商业的资深从业人士，咨询其意见，以确保每个项目竞赛内容充分反映该职业的变化和趋势。这些人员名单主要由世界技能组织成员按要求提交。可以通过电子方式或口头方式获取反馈意见并记录。

同时，将对每个世界技能职业标准按照最新的全球职业分类和情报进行检查。这将提供更多的市场情报，以及为技术说明章节 12 中加入职业参考。

在咨询过程结束时，将对所有反馈意见和情报进行整理、审核，并转发给竞赛项目管理团队，以进行讨论并决定是否采纳。

同时，技术说明的章节 3 及后续章节，将由秘书处进行质量维护和更新工作。

大致于赛前 15 个月，每份技术说明的全部内容已准备就绪，可以转移至最新的技术说明模板，然后在赛前 12 个月进行最终检查并在网站上公布。

8.5 项目特定规则

在竞赛期间，专家们必须制定特定适用于其竞赛项目的规则。项目特定规则经专家投票同意，作为技术说明更新的一部分。

如竞赛规则 8.2 所述，项目特定规则不得与竞赛规则抵触，竞赛规则优先。

项目特定规则，旨在提供竞赛项目特定方面的具体细节和予以澄清。包含但不限于：个人 IT 设备、数据储存设备、接入网络、程序和工作流程、文件管理和发放。

9 基础设施清单

9.1 定义

基础设施清单是竞赛主办方为举办竞赛项目而提供的材料和设备清单。

9.2 开发

基础设施清单由技术观察员（下届竞赛的场地经理）在上届比赛后的 12 个月内与竞赛项目经理协商、检查并在线更新。

场地经理和竞赛项目经理在竞赛准备周期间（比赛前 8 到 6 个月）最终完善并确定基础设施清单。在此之后不能进行进一步更改，并且必须根据基础设施清单中商定的项目对测试项目进行开发。

9.3 公布

大赛主办方在网站上逐步更新基础设施清单。成员可通过访问 www.worldskills.org/infrastructure 获取并打印这些信息。

为了帮助专家和选手了解将提供哪些物品及其状态，基础设施清单中的颜色编码系统如下：

红色——已请求

物品由竞赛项目经理确认，但尚未获得保证，竞赛主办方正在与潜在的供应商或赞助商进行沟通。

黄色——等待确定

竞赛主办方已经确定了供应商或赞助商，仍在谈判合同或采购订单的最终细节，在此阶段没有任何签名保证。

绿色——已确定

竞赛主办方已经与供应商或赞助商签订了合同或确认了采购订单。

蓝色——秘密

这些物品的详细信息不会向专家和选手公布，因为这些将用于测试项目的30%变更，或与独立设计的测试项目中的"惊喜物品"或"神秘物品"相关。

9.4 材料和设备的提供

大赛主办方必须为每项竞赛项目提供基础设施清单中列出的所有设备和材料。

大赛主办方提供符合当地法律法规的基础设施，并选择符合行业标准的产品和品牌，并且尽可能是在全球范围内可获取的。

9.5 缺失物品

基础设施清单中物品（材料和/或设备）出现缺失必须向竞赛项目经理报告，由其安排场地经理补充提供。

如果比赛中缺少基础设施清单中列出的设备或材料，竞赛主办方负责确保及时提供。

9.6 替代/补充材料

如果一开始提供的材料缺失或损坏，选手可要求提供替代或补充材料。但该情况可能会导致扣分。专家们必须确定此类情况扣除的分值，并在比赛前1天之前告知选手。

9.7 选手个人工具

9.7.1 定义

选手只能携带未包含在基础设施清单中的设备，或者符合以下情况之一：

◆ 在技术说明章节8.2中列出的设备；

◆ 由专家们事先在论坛上讨论批准的设备，批准应列在相关记录中，参见竞赛规则6.7.14。

基础设施清单中列出而且由大赛主办方提供的设备，所有的选手必须使用。选手不得使用与主办方提供的设备功能完全相同的自带设备。除非经竞赛项目主管同意，并将其列在基础设施清单中。选手可以携带相同的工具。

9.7.2 工具箱

选手工具箱包括技术说明中规定的，为完成测试项目所携带工具和／或设备的任何容器。该容器可以从成员国家或地区或由物流公司运输，或与选手随行，以航空托运行李或者随身行李的方式携带。

9.7.3 原则

选手工具箱可能带来以下影响：

◆ 成员组织——货运费用（体积、重量、货运类型、距离）；
◆ 大赛主办方——需要最少的存储费用和最低的运输成本。

世界技能大赛认为不便限定选手工具箱的尺寸，因部分成员组织已购买了或定制了工具箱，且一届大赛后将继续在下届大赛时使用。成员组织负责自行决定工具箱尺寸。

世界技能组织尊重专家的专业知识，即哪些个人工具应该由选手携带用于比赛。专家必须清楚地确认工具箱所需的个人工具的数量和种类（而不是品牌），并确保在技术说明章节 8 中清晰说明。工具清单确定后，可由此确定工具箱的最大尺寸。

确定个人携带的工具数量非常重要，可确保所有选手平等参赛。

9.7.4 工具箱尺寸

允许带入赛场工具箱的最大尺寸将在技术说明章节 8 中说明。

专家将检查工具箱尺寸，如果超出规定的尺寸，将要求选手将工具箱带离场地，场地经理将协助此项工作，比赛结束后可取回。但选手可在场内保留能放入允许最大尺寸工具箱的等量工具，这些可以存放在其工位，大赛主办方应确保这些工具的安全。

9.7.5 缺失物品

如果选手个人工具箱中缺失了技术说明中规定的某个物品，应告知竞赛项目经理。如果时间允许，场地经理将协助在当地寻找替代品。此物品的费用必须由该选手承担。

9.7.6 工具箱检查

从比赛前 2 天到比赛第 4 天，每天专家团队必须彻底检查所有工具箱中的物品。此检查旨在确保消除通过带入任何未经授权的物品而可能为选手带来不公平的优势。在工具箱检查期间，选手必须全程在场。允许使用技术说明中列出的特殊工具。

如果专家发现任何可疑或未经授权的设备，他们必须立即通知首席专家和该成员组织专家。然后，该成员组织专家和选手有机会提供详细信息或进行解释。未经授权的物品将被妥善保管或从竞赛场地移除，并在竞赛项目结束后归还给选手。在任何情况下，专家不得拆解或乱动选手的任何设备。如果有需要，应在本成员组织专家及其他专家在场的情况下，由选手自行操作。

9.7.7 从竞赛场地移除

在确定完成的测试项目的所有权并完成对所提供设备的审查之前，不得将工具箱上锁或从竞赛场地移除。理由如下：

- 有价值的设备可以退还给赞助商/提供商或捐赠给教育机构；
- 通过审查，可以确定对基础设施清单的必要更改；
- 已完成的测试项目是世界技能组织和大赛主办方的财产，未经他们许可，不得移除。

❿ 测试项目

10.1 定义

每个竞赛项目都有一套测试项目，反映了选手为了展示他们的卓越技能而进行的工作。测试项目必须能体现某个职业的背景、目的、流程和结果，而且在这样做的情况下可以确保评分方案得以实施。

10.2 时长和范围

测试项目必须设计为在比赛期间的 4 天内进行，需要 15～22 小时的工作时间完成。在竞赛项目主管批准的情况下，可以存在例外情况。

测试项目必须使选手能够根据技术说明中所描述以及世界技能职业标准所规定的相关工作角色或职业的真实要求进行比赛。评分方案和测试项目的设计必须确保能够根据选手在与工作相关和跨越（通用、多学科）技能等方面的表现区分出水平高低。必须尽可能减少对空间、基础设施和资源的需求。

10.3 使用的材料和设备

测试项目必须能够使用在竞赛准备周最终确定的基础设施清单中列出的材料和设备，和/或选手携带的材料和设备完成。在此之后，不能再要求增加主要物品。由于基础设施清单中的某些数量最初是按照"每名选手""每×名选手"等指定的，因此在最终注册后的赛前4个月，某些竞赛项目耗材的确切数量和详细信息也可以被确定。

10.4 格式

所有测试项目（图样与文件）要求按世界技能大赛模版"TP××"（×× 测试项目）（网站或秘书处可获取）提供电子版。

按照技术说明中规定，CAD 格式的制图应按照以 ISO 128-3：2020 的格式 A 和/或格式 E 准备。

对于本届大赛确定下一届赛题提案的竞赛项目，所建议的测试项目需在比赛结束后第 1 天 16:00 前以电子版形式提交至秘书处。

10.5 第三方参与

测试项目、评分方案以及材料和设备清单可由第三方进行开发。

在竞赛项目经理需要让第三方参与的情况下（如：设计测试项目，或者由他人制作专业图样，或者涉及运输硬件的人员），在让该人参加之前必须满足以下两个条件：

◆ 必须得到竞赛项目主管的书面批准；

◆ 第三方/各方必须学习并掌握道德与行为准则，并签署世界技能保密与专业协议。

如果由第三方进行设计，必须向竞赛项目经理就有关测试的标准、某些设计的适用性以及测试项目的格式等进行咨询，必须遵循竞赛项目主管指定的开发流程。

10.6 质量保证与控制（Quality Assurance and Control，QAC）

由专家们设计和开发测试项目被认为是可接受的最低标准方式。

以下的无偏见和主动的质量保证与控制措施适用于由独立设计师设计的测试项目，包括担任设计师角色的竞赛项目经理。

设计理念（Design Concept）：设计人员必须首先根据竞赛项目所代表的职业的背景、目的、过程和结果来形成测试项目的概念。除了熟悉该职业的最佳实践方法之外，还需要研究和分析技能。他们的目标旨在指定的限制范围内获得最大的真实性。设计者（无论是否是竞赛项目经理）必须邀请他们的技能顾问（Skill Advisor）参与此过程。

审核（Review）：应该在测试项目设计和开发的第一个阶段进行。旨在通过审核初始想法和草案来检查设计师是否拥有理解力、能力和资源，以从概念过渡到创作，并根据要求完成任务。

验证（Verification）：这是QAC的中间运行阶段，验证了给定的要求、评分方案和基础设施清单，以及设计草案的可行性、适用性和最优化。验证过程应尽可能包括实际测试或模拟，以确保最终结果的可信度。

批准（Validation）：这是QAC的第三个也是最后一个阶段。使用明确的证据，证明测试项目的功能和适用性。测试项目必须被证明具备特定功能和结构并能够被完成，供佐证材料的提交时间不应晚于比赛前2个月。佐证可以是按照材料、设备、知识和限制时间完成的测试项目作品照片。

10.7 时间表和人员

时间表和人员有关事宜由竞赛项目经理或授权人员负责，具体工作包括：

◆ 选择设计师和开发人员；
◆ 选择审核者、验证者和批准者；
◆（在合理范围内）完成测试项目设计和开发的时间表，包括其质量保证与控制。

所有独立的测试项目设计和开发都将受到具有相关专业知识的可信赖的个人的独立指导、审核、验证和批准。这些个人应遵照竞赛规则10.5行使职责。技能顾问必须参与设计概念阶段工作。在此之后，根据需要及其专业知识和可用性，可信赖的个人可以完成质量保证与控制中的第一个、第二个或所有三个阶段的工作。

如果独立设计师是竞赛项目经理，建议他们至少确定一名独立的审核者和验证者。根据需要，他们的专业知识和可用性，同一个人可以进行审核和验证。可以要求来自类似竞赛项目的竞赛项目经理履行该角色。全球合作伙伴或活动赞助商的竞赛项目经理可能希望使用其赞助组织内的其他人。

技能顾问在设计概念阶段起着至关重要的作用。因此，他们应该知晓审核者、验证者和批准者的安排和身份。无论如何，他们自己不能担任审核者、验证者或批准者。

独立审核、验证和批准咨询表

设计者	设计概念者	审核者	验证者	批准者
全球合作伙伴（Global Partner，GP）或赛事赞助商（Event Sponsor，ES）	技能顾问	来自全球合作伙伴/赛事赞助商的另一人，或者竞赛项目经理	竞赛项目经理	强制的，或按技术说明规定
独立设计者	技能顾问	独立人员，或竞赛项目经理	竞赛项目经理	强制的，或按技术说明规定
竞赛项目经理	技能顾问	独立人员1，或类似项目的竞赛项目经理	独立人员2，或类似项目的竞赛项目经理	强制的，或按技术说明规定
独立设计者（老的人员结构，尚无竞赛项目经理的情况）	技能顾问	独立人员1，或类似项目的竞赛项目经理	独立人员2，或类似项目的竞赛项目经理	强制的，或按技术说明规定

10.8 选择

测试项目可以按照以下方法之一进行选择：

◆ 测试项目可由专家多数投票制选择，可在上届比赛、论坛或本次比赛中选出；

◆ 测试项目也可为竞赛项目主管在赛前，或专家们在竞赛期间随机抽取。

技术说明将规定此过程。

若测试项目为第三方设计，专家将不参与选择过程。

10.9 保密

测试项目信息的分发，应依据以下两个主要原则：

- 必要性——只向需要承担任务的人员公开；
- 时间性——只在需要时公开。

除专家或特定专家组外，不能有人知道测试项目在开发过程中涉及的内容，这一点非常重要。这也意味着，除非竞赛项目主管事先批准，专家们不得让其国家/地区或行业的任何人以任何方式参加测试项目相关工作（参见竞赛规则10.5）。

场地经理可以向秘书处要求获取测试项目，以便为比赛准备材料和设备。竞赛项目主管将明确地确定在何时提供此信息。

一旦专家开始在比赛中进行测试项目的准备工作，所有纸张、图样、笔记、便携式计算机、USB盘和其他数据存储设备必须留在场地中，并在指定的存放仓库中安全保存。

专家们负责安全和保密。违反保密规定可能会使世界技能组织和专家成员组织的诚信受到损害。

10.10 予以公布和不予公布的测试项目

10.10.1 概况

不同类型测试项目在不同情况下的公布时间如下：

	予以公布的非模块化测试项目	予以公布的模块化测试项目	不予公布的非模块化测试项目	不予公布的模块化测试项目
由专家批准	上届大赛的C+1或者按照技术说明	上届大赛的C+1或者按照技术说明	独立设计	独立设计
向选手公布	立即		赛前不予公布	
评分概要表	赛前不予公布		赛前不予公布	
30%变更	由专家们独立开发，于竞赛期间、在或早于C-3当天		无	无
提供给选手	紧临比赛开始前	按要求按模块在C1、C2、C3和C4	紧临比赛开始前	按要求按模块在C1、C2、C3和C4
评分概要表	竞赛开始时提供给选手		竞赛开始时提供给选手	

注："C-n"表示大赛开始前n天，"Cn"表示正式大赛期间的第n天，"C+n"表示大赛结束后第n天。

10.10.2 测试项目的公布

测试项目的公布时间表在技术说明中定义，主要依据是其由专家们设计还是独立设计：

◆ 对于大赛期间在赛后第 1 天所选定的下届大赛的测试项目，应选定后立即公布；

◆ 部分为在竞赛期间进行 30% 变更；

◆ 部分为由独立设计方进行 30% 变更；

◆ 部分为全部不公布，在竞赛期间的赛前第 4 天、赛前第 2 天，或者竞赛第 1 天当天公布，或者在竞赛期间每天向选手仅公布当日竞赛内容；

◆ 模块化项目可以按要求逐模块在竞赛第 1 天、第 2 天、第 3 天、第 4 天当天公布。

当公布时，每个测试项目应附有对应的评分概要表。

如果测试项目提前向选手公布，专家或独立设计人员必须按照竞赛主办方提供的设备和材料在限制范围内，进行至少 30% 的工作内容变更。这是为了确保安全并防止选手针对性准备测试项目中涉及的特定任务。

这个"30% 变更"是由专家开发，并需要由专家们于赛前第 3 天当天或之前投票决定。工作内容变更的证据必须在比赛开始前由竞赛项目经理记录在案并批准。一旦向专家公布 30% 变更，所有选手必须立即获知详细信息。

如果由独立设计人员开发了 30% 的变更，则竞赛项目经理必须在竞赛开始之前批准工作内容的更改。30% 的更改的公布，不得早于比赛日第 1 天。

在 30% 的变更后，选手将只收到评分概要表。选手不得收到测量打分表和评价打分表的详细信息。

专家必须以多数（至少 50%+1）批准通过评分概要表。

10.10.3 不公布的测试项目

如果测试项目和评分方案由第三方设计且未在竞赛前公布，则专家无须批准评分概要表。

10.11 对选手关于测试项目和评测的简介

世界技能大赛包括两种类型的测试项目：

◆ 非模块化测试项目，是指测试项目作为一个整体，在指定的特定阶段和时期进行评分；

◆ 模块化测试项目，是指分为若干个模块，在模块完成后进行评分。

10.11.1 非模块化测试项目

选手在比赛即将开始前，获得完整的测试项目、相关说明材料和评估标准信息（即评分概要表）。选手将被允许至少用一个小时来研究并提出问题。这部分时间不包括在比赛时间内。

10.11.2 模块化测试项目

选手将在每个模块的比赛临开始之前，获得相关文档和说明材料。作为一个整体，评分概要表（有关评测标准的信息）可在第一个模块临开始之前提供给选手。如果需要，竞赛项目经理或每个模块的指定专家可为选手进行说明。选手将被允许至少用 15 分钟来研读并提出问题。这部分时间不包括在比赛时间内。

10.11.3 测量打分和评价打分

选手不得获取到测量打分表和评价打分表的详细信息。

10.12 翻译

对于由专家们开发的测试项，包括 30% 变更，将在竞赛准备期间（C-4 至 C-1）由专家们最终确定。专家们研究测试项目和评估标准，并组织翻译成本成员组织选手所选择的语言。

对于测试项目由独立设计人员进行设计且需要翻译的，必须在技能管理计划中留出翻译的时间。

10.13 知识财产的分享

经专家选择并宣布适合竞赛的测试项目，将由秘书处保存，供成员们后续使用。这些测试项目将以电子版的形式提交给秘书处。

10.14 完成的测试项目的安全性

除非得到相关竞赛项目经理的批准，否则，在完成所有评测之前，不得移除/销毁已完成的测试项目以及拆除场地和设施。

10.15 完成的测试项目的所有权

完成的测试项目是大赛主办方和世界技能组织的共同财产，未经双方同意，不得从竞赛场馆移除或以任何方式使用。

10.16 专家在测试项目准备和评测中的参与总结

专家场景	需要提供测试项目建议方案	同样的测试项目选择和30%变更投票权	参与测试项目的开发、同样的技术说明投票权、参与评测打分	参与论坛中的讨论
专家未能按要求提供测试项目	是	否①	是（如果通过专家测试）	是
未要求专家提供测试项目	否	是（如果通过专家测试）		
专家未能按要求提供30%变更建议方案	—	否		
不要求专家提供30%变更建议方案	—	是（如果通过专家测试）		
没有选手的专家②	与有选手的专家相同			
未成功完成准入计划必修模块、准备要求和强制性评估培训的专家	—	—	否	是

①经专家同意，未提供测试项目的新任专家也可以参加测试项目选择。如果他们通过了专家测试，则可以就 30% 变更进行投票。
②没有选手的专家与有选手的专家具有相同的权利和责任。

11 评测与评分

11.1 概述

世界技能评测策略规定了世界技能大赛中评测所必须遵守的原则和方法。

世界技能大赛中的评测方法分为两种——测量和评价。明确的参照标准对两种评测方法都非常重要。参照标准必须与行业和商业的最佳实践方法相关。

用于支持评测的主要工具是相关的世界技能职业标准、评分方案、测试项目和竞赛信息系统（CIS）。

定义

评测（Assessment）是一个广义的术语，包括评分。该概念既包括使用的评测方法，也包括评测和结果。

评分（Marking）是一个狭义的术语，指的是对尺度或数字的赋值。更多有关信息，请参阅 <WSI_SC_guidance_marks_scores_points>。

11.2 世界技能职业标准（World Skills Occupational Standards，WSOS）

每个竞赛项目都有一个世界技能职业标准。该标准规定了技术和职业在工作中表现出来的国际最佳实践方法，包括相关知识、技能和能力。

权重

世界技能职业标准分为几个部分，每个部分分配了总分的百分比，表明其在评分方案中的配给分数及重要性。在保持世界技能职业标准中的权重均衡的前提下，允许有5%以内的变动。任何变化，必须得到标准和评估顾问的批准，并由其检查是否保持了均衡。

11.3 评测方法

世界技能大赛有两种评测方法——测量和评价。

测量（Measurement）用于评估可以被客观测量的准确度、精度和其他表现，用于必须避免歧义的场合。

评价（Judgement）用于评估在对照外部参照标准的情况下可能存在微小差异的表现水平。

测量和评价必须是基于行业和商业实践中得出的最佳明确外部参照标准。任何授予分数的基本要求是达到行业标准的可接受范围。

参照标准

所有评测必须在评分方案中有明确的参照标准。这必须在实践中加以遵守。所有选手都将根据这些参照标准进行评测。在任何情况下，都不允许基于评测和评分的目的对选手进行排名。

11.4 评测培训

专家强制性评测培训（MAT）旨在确保高质量、专业且符合规则和流程的评测，培训应在比赛开始前（C-4至C-1）举行。培训内容包括：

◆ 关于评测与评分，以及管理、组织和预期效果的介绍；

◆ 测试专家在其专业领域所应具备的专业知识；

◆ 测试专家对评测和评分的国际标准的理解和能力，包括对参照标准和描述的准确解读。

11.5 评分方案

基于技术说明中规定的世界技能职业标准，评分方案设定了测试项目评测的标准。

11.5.1 分数范围

每项竞赛项目都有一个评分方案，满分为100分。

11.5.2 评测标准（Assessment Criteria）

评分方案的一级标题就是评测标准。一般来说，评测标准的数量应该在5~9个之间。各项标准的名称不一定必须与世界技能职业标准或测试项目各部分相同。无论评测标准的构成方式如何，对子项标准的各个评分项（Aspect）的分数分配应必须反映该项目的世界技能职业标准中的权重（参见竞赛规则11.2）。

11.5.3 评测的子项标准（Sub Criteria）

每项评测标准可拆分为一个或更多的子项标准。评分表（Marking Forms）将按照子项标准进行组织。每一个子项标准分配给一个评分团队,并将对该子项标准内的所有评分项打分。

11.5.4 子项标准的评分项(Aspects)

每个子项标准可拆分为一个或多个评分项(Aspects),按逐个评分项进行评分。按照评测方法,评分项分为测量打分或评价打分,每个评分项必须与世界技能职业标准的一个(且仅一个)部分相关。

理想情况下,评分方案包括的评分项数量应在 100 到 200 个之间。评分项数量必须不少于 100 且不超过 250。

11.5.5 分值分配

单个评分项的分值不得超过 2 分(相当于可用总分值的 2%)。

11.5.6 评分表的准备和使用

CIS 为每个子项标准生成一个评分表。此评分表包含:

- 所有的评分项,无论是通过评价方法还是测量方法进行评测;
- 子项标准的评分项的详细信息,包括评测的参照标准;
- 每个评分项的最高分值;
- 负责该子项标准评测的评分团队。

为了消除潜在的偏差,使用中竞赛项目经理可以要求去掉评分表中每个评分项的最高分。

11.5.7 横向格式的评分表

横向(排列)格式的评分表可用于在一页评分表上记录多个选手分数。横向格式的评分表也可用于同时记录测量和评价的评分和分数。

使用横向格式的评分表,每位专家的所有评分和分数将转换至 CIS 生成的纵向评分表中,以便于 CIS 的数据录入。

11.5.8 对测量结果的 CIS 计算

如果测量的评分项被设计为需要计算,则应使用 CIS 功能进行计算。

11.5.9 评分方案的调整

在特殊情况下,竞赛项目管理团队应在竞赛第 1 天之前提交书面请求,负责领导竞赛委员会的董事会成员可以批准调整。

11.6 评测与评分流程

11.6.1 竞赛开始

在 CIS 就绪可开始竞赛之前，竞赛项目经理必须向技能顾问确认所有准备任务都已完成。

11.6.2 评测和评分小组

此处和下文中，竞赛规则中均使用"专家"来泛指裁判、评测和评分小组成员。这是常见的，但并非总是如此，因为其他有资格的独立人士也可以担任裁判。参见竞赛规则 11.6.5。

每个评分小组应由 3 名专家组成。

第 4 名专家将对该 3 名专家进行监督，并且：

- 协调评价评分；
- 为避免专家对本成员组织选手评分，接替该专家工作。

只要评测和评分流程可有效进行，一名或多名其他专家可以在第 4 名专家的监督下加入评分小组以进行观察和培训。

11.6.3 双重评测与评分

竞赛项目管理团队也可以对测量评分的内容采用双重评测与评分。在这种情况下，每两名专家组成一组，分为两组各自进行独立评分，然后比较得分。若出现差异，相关评分项将重新评分，直至得到一致结果。

11.6.4 给定例子的不同情况

在极少数的竞赛项目中，裁判可能必须应对以下情况：

- 观察并对所有选手同时进行动作评分；
- 评分的内容细节非常多，以至于单个评分小组无法对所有选手的作品进行评分；
- 会带来不一致、不可靠和不公平的风险。

如果没有其他更好的选择，经竞赛委员会管理团队批准，相关的技术顾问将监督两个轮次评分的设计和实现，其中：

- 对相关裁判提前进行专门的情况介绍；
- 评分监督团队将观察、抽查、审查和质疑评分的实际方法和所涉及的评分小组的结果；
- 轮换评分小组，此例外情况需要进行两次或更多次的轮换。

以上是为了确保标准化。一旦因为上述原因之一需要以例外的方式进行评分，竞赛项目管理团队必须提醒其技术顾问此情况下不能遵照竞赛规则 11.5.3。

11.6.5　独立评测与评分

评测和评分将继续作为质量改进的重点。与独立的测试项目和评分方案一同开发，在以下方面可采用独立评测：

- 为评分小组设定标准和提供建议；
- 直接评测和评分。

独立评分员将由竞赛项目主管批准并必须做到：

- 作出遵守世界技能道德与行为准则，以及保密与专业协议的书面承诺；
- 提供培训和情况介绍，包括完成准入计划中与评测有关的单元。

11.6.6　以测量方式进行评测的步骤

评分小组以测量方式进行评测的情况为以下两种：

- 结果只为合格或不合格的；
- 根据事先决定的、与参照标准相比的符合程度，给予特定分数的。

无论以上哪种情况，都必须尽量采用行业与企业采用的最佳实践方法。

11.6.7　以评价方式进行评测的步骤

子项评分中，以评价方式评分项的评级应由一名专家给出。评级结果必须在 0～3 之间。最后授予的分数是根据评分小组中 3 位专家的评级结果计算得出的。

无论选手是否尝试完成工作，都应由 3 名专家的每一名为子项标准的评价评分项评分。0～3 级评分与行业和企业标准的关系如下：

- 0——表现等各方面均低于行业标准，包括未尝试；
- 1——表现达到行业标准；

- 2——表现超过行业标准；
- 3——相对于行业预期标准，表现为优秀或杰出。

评分方案中的参照标准（记录在评分表中）为这些标准提供了背景信息，并作为评分小组的参照点。

使用纸质标记表格时，采用以下评分流程：

- 通过比较选手的表现与参照标准，每个专家独立地确定子项标准中的评分项的评级（从 0 到 3）；
- 每名专家都准备好相应的打分卡，准备亮分；
- 按协调并记录评分活动的专家发出的指令，3 名专家同时亮分；
- 每个评分项的评分级差距超过 1，专家们需要对评分项重新评分；
- 为使评分差距缩小至 1 以下，可允许对参照标准进行简短讨论；
- 参照标准在最终确定评分方案时应得到大家一致同意，且在评测与评分期间不得更改。

11.6.8 分数录入（CIS）

将创建一个（主）手写评分表用于记录最终达成一致的分数，该表用于将数据录入 CIS，且保存以备审查。

无纸化评分时，专家直接通过平板电脑或计算机将分数输入 CIS。

11.6.9 评测和评分的顺序

因所有评测与评分均按照外部参考标准，评测的顺序（评价/测量）不应成为关注的重点。然而，若出现意见不合或者感觉不公正评分的情况，技能顾问可要求将评价打分安排在测量打分之前进行。

11.6.10 不得在选手在场时评测或评分

不得在选手在场的情况下进行评测和评分，技术说明规定的情形除外。

11.6.11 竞赛日的评测与评分

在 CIS 中规定了每个子项标准的评测和评分日期，规定了评测日期的子项标准的分数必须在次日中午 12 点之前完成录入 CIS 并批准，由裁判们签字确认。CIS 签字确认表必须在当日的 13:00 之前提交 CIS 团队。

例外情况是竞赛第 4 天，必须在竞赛第 4 天当天 22:00 之前完成评测并录入 CIS，赛后第 1 天上午 10:00 之前签字确认表应交至 CIS 团队。

11.7 分数的最终确定

11.7.1 检查评分表

评分表上手写的分数或者评分结果分数录入 CIS 的顺序应与评测顺序一致。或者，分数和/或评分结果也可通过平板电脑或计算机直接将分数输入 CIS，此情况下无须手写评分表。

在当日的子项标准的评分完成后，首席专家将对该子项标准的 CIS 分数进行锁定。

当 CIS 分数录入锁定后，应创建该日的所有评分表，包括评分概要表的 PDF 格式文件。每个评分日的上述评分总表 PDF 文件将保存在对应场地 CIS 的计算机桌面文件夹中。

专家们必须有机会检查该 PDF 上的评分结果，将本成员组织选手手写评分表与最终结果进行比较。如有任何问题，可向竞赛项目经理提问。如果未使用手工评分表，则专家无须检查 PDF，因为该检查的主要目的是识别和纠正手写评分表与输入 CIS 的分数之间的差错。

如某个专家对实际评测和他的选手的得分提出质疑，必须向竞赛项目经理说明其质疑的理由。若质疑的理由充分，竞赛项目管理团队将解决此事宜，如要求，可以重新评测或者重新评分。

如需修改分数，技术顾问将解锁该评分项分数的录入结果，变更后再次锁定。该评分小组所有专家必须交叉签字确认同意修改结果。

专家们必须在分数录入同意表上签字，以确认他们同意特定的评分日打印的评分表结果。

如已提出质疑且未解决，签字将暂缓，直至质疑的问题得到解决。对分数的任何更改，都应在手写评分表或 CIS 生成的表上签字，以留存书面记录。

签字的分数录入同意表必须送至 CIS 办公室。

一旦该步骤完成，不再接受就评分提出的任何异议。

所有评测的批准和签字确认必须提交至 CIS 团队，截止时间为赛后第 1 天当天的 10:00。对于赛后第 1 天当天不在竞赛场地的专家，取消其核查、批准和签字确认本成员组织选手的评分表的权利。在此情况下，专家缺席的情况会被记录在案，而其本成员组织选手的成绩将由竞赛项目管理团队签字确认。如有某专家在所有争议解决后仍然拒绝签字确认其选手的结果，则将该情况记录在案，并由竞赛项目管理团队签字确认该结果。

11.7.2 评测和评分的完成

评测和将分数录入 CIS 的工作必须在竞赛第 4 天的 22:00 之前完成。

11.7.3 竞赛结束

竞赛项目管理团队向竞赛支持团队递交所有要求的信息及书面材料，竞赛支持团队签字确认已接收所有的必要信息和纸质材料。在此之后，专家们方可以离场。

11.7.4 CIS 世界技能分制

世界技能组织使用分数将所有竞赛项目的结果纳入一个共同的范围——世界技能分制，旨在使各竞赛项目之间可以进行比较。成绩按 100 分制打分，再按照世界技能的分制由 CIS 进行标准化。此程序将每个竞赛项目中的中位数（median mark）设定为 700 分。

圆整

某个子项标准下各个评分项的评分分数将圆整至小数点后两位。小数点后第三位数字，大于或等于 5 的将计入前一位，小于 5 的将舍去。因此，1.055 将计为 1.06，而 1.054 将计为 1.05。

11.7.5 错误处理

如发现任何录入错误，应立即向标准及评分顾问汇报。如确系有误，必须重新在 CIS 录入分数，重新打印评分表和评分概要表后交由全体专家成员检查并签字。原始记录与修改记录均需保存以备审查。

接受关于成绩的申诉的截止时间为赛后第 1 天当天 10:00。一旦全体成员大会批准通过（在竞赛委员会检查和确认成绩之后），成绩将为最终成绩，不接受任何申诉。

如果在闭幕式后的一周内，向首席执行官或负责竞赛领导的董事会成员提供了明确的证据，表明发生了严重错误而致使选手无法获得奖项，则可以考虑申诉。在这种情况下，董事会将在额外一周的时间内作出最终决议。注意：不接受关于评分或评分录入有关的申诉，因为这是本成员组织专家的责任并已经在 C+1 当天 10:00 前检查并签字确认（参见竞赛规则 11.7.1）。

11.8 完成的测试项目的安全性

所有已完成的测试项目将被妥善保存，直至评分结束且所有选手的评分总表经过签字确认。如确系技术原因无法保存的，应在竞赛委员会代表的监督下拍照保存。

照片与评分文档应一起保存在安全的场所，可用于证实原始的评测评分是否正确。

11.9 结果的公布

所有成员将得到各竞赛项目的正式结果，包括所有选手及其得分、奖牌、奖项，及不同方式选手的排名，包括"平均奖牌点排名""平均得分点排名""总奖牌点排名""总得分点排名"以及"按总奖牌点和平均奖牌点字母顺序排名"。

该正式结果在闭幕式当天的竞赛委员会会议和全体成员大会上提供给各成员组织的技术代表和行政代表，所有代表在闭幕式前不得告诉任何人结果。

正式结果将在世界技能大赛官网上公布，闭幕式（C+1）将宣布获奖选手名单。

11.10 奖牌与奖项

11.10.1 金牌、银牌、铜牌

在所有正式项目比赛中，金牌、银牌、铜牌将分别授予排名第一、第二、第三名的选手。

11.10.2 并列奖牌

如果两名及以上的选手在世界技能分制的结果中的分差小于两分，则为并列奖牌，按下述方式颁奖。如需对某个竞赛项目的结果调整，需由竞赛委员会提出建议，并由全体大会会议批准通过。不同奖牌的并列情况如下：

金牌

- 2枚金牌，无银牌，1枚或以上铜牌；
- 3枚及以上金牌，无银牌或铜牌。此外，若最后一名金牌选手与其下一名选手分差不超过2分，可颁发1枚或以上铜牌。

银牌

1枚金牌，可有2枚或以上银牌。此外，若最后一名银牌选手与下一名选手分差不超

过 2 分，可颁发 1 枚或以上铜牌。

铜牌

1 枚金牌，1 枚银牌，2 枚或以上铜牌。

11.10.3　优胜奖

选手得分达到或超过 700 分，但未获奖牌的，应授予优胜奖。

11.10.4　国家（地区）最优选手

通常，得分最高的选手和 / 或本成员组织代表队最高奖牌的选手将被授予国家（地区）最优选手。由成员组织技术代表决定该奖项得主。

国家（地区）最优选手奖，不能授予违反项目特定规则或竞赛规则，或被处以 600 分或者比所有竞赛项目中最低分低 5 分处罚（以最低者为准）和 / 或违反道德与行为准则的选手。

11.10.5　阿尔伯特·维达大奖

在当届大赛中获得最高分的选手将被授予阿尔伯特·维达大奖。

11.10.6　参赛证书

未拿到奖牌和特别奖的选手都将获得参赛证书。

⑫ 问题与争议解决

对于世界技能而言，问题与争议解决的处理范围涵盖了从解决简单的问题到处理重大的违反道德与行为准则的行为，涵盖了世界技能大赛的组织、管理和运行等层面。设定的问题与争议流程，旨在对状况发生时的迅速、有效、及时的决议提供指导。问题与争议解决将在世界技能大赛的赛前第 6 天至赛后第 1 天期间生效并应用。该段时间也被称为"赛事期间"，将应用问题与争议解决流程。

在赛事期间，当出现争议，且不能以公平、友好、及时的方式在相关各方之间得到解决时，必须遵照问题与争议解决流程。此外，当一方认为具有明确的证据表明发生了违反了竞赛规则或道德与行为准则的情况时，也应该应用该流程。

12.1 政策与规则的等级

世界技能组织和其成员的所有行为都应受到章程、议事规则以及其他官方文件，例如道德与行为准则和竞赛规则的管辖。道德与行为准则定义了世界技能组织的价值观和道德基础，以及如何在组织的日常工作中推广和实施道德行为。竞赛规则的等级低于道德与行为准则，体现了价值观和道德观尤其是在竞赛活动当中和竞赛项目自身中的应用。

每个竞赛项目的项目特定规则的等级低于竞赛规则，位于每个竞赛项目的技术说明中。

任何低等级的政策或规则，不得超越高等级的政策或规则。

12.2 主要术语的定义

◆ 问题（Issue）：就某个竞赛项目中存在不同意见或观点，而导致出现的有关其组织、管理和运行的讨论和争议。大多数的问题，如果可能，应该在竞赛项目内部由竞赛项目管理团队解决。采取任何处罚均必须与竞赛委员会管理团队协商。

◆ 争议（Dispute）：一旦问题（以上定义的）出现激化，由于竞赛项目管理团队不能按时解决，确认出现了声称违反项目特定规则、竞赛规则，或者道德与行为准则的情况。

◆ 事件（Incident）：与竞赛项目运行或运营不直接相关的某人，报告发现潜在的和／或重要的情况，可能导致选手获取不公平的优势、发生不安全或者不道德的行为，或者可能潜在损害世界技能组织的声誉。事件应按照与争议相同的方式进行处理。

◆ 赛事期间（Event period）：该期间指世界技能大赛的赛前第 6 天至赛后第 1 天，该段时间内，应采用问题与争议解决流程。

适用范围：以上术语用于描述世界技能大赛期间、在活动期间发生的活动。定义应用范围、赛事期间的概念非常重要，因为决议应在"现场"或"实时"的情况下作出。考虑到世界技能大赛有一个明确的开始和结束时间点，之后需要宣布和发布竞赛项目的结果（类似于体育赛事），这种方法被认为是恰当的。

◆ 适用范围决议：指解决争议所需的决议，需要在赛事期间作出，以确保结果可以在闭幕式上公布。这些决议，应经过适当调查、解读，并应用竞赛规则或道德与行为准则，由指定的小组或个人作出。

◆ 或然性权衡：这是竞赛委员会管理团队、道德委员会、被指定的代表，及首席执行官和董事会对证据审核的方式。在决定其适用范围上，涉及是否违反了竞赛项目特定规则、竞赛规则或道德与行为准则。鉴于争议必须在赛事期内得到解决，因此决议应基于以上人员的考虑，基于他们认为更可能是真实的情况。这些决议将在争议调查后作出。

◆ 争议的调查：这是收集争议信息的事实调查活动。考虑到时间的限制，可进行的调查的深度和范围自然会受到限制。在这些限制范围内，将尽可能进行尽职的调查以确保收集重要和相关的事实。调查结果将使指定的决策小组能够就此作出正确的决定。

12.3 原则

以下主要原则是世界技能大赛问题与争议解决的核心。

◆ 世界技能组织已将其证据规则从"基于刑事"（检方必须证明其案件无可置疑）转变为体育执裁与大型公司系统管理内部员工纠纷之间的结合方式，这类似于"基于民事"（必须在概率的平衡上证明有争议的事实）。与法律审判不同，世界技能组织没有开放的时间框架，因此需要采用混合的方法。

◆ 证据规则包括管辖诉讼中事实证据的规则和原则。例如，有争议的事实必须得到确定，才能被接受为证明。

◆ 所有参与或知晓正在处理中的争议的个人，都有责任以公平和专业的态度对待可能牵涉的个人。这样以确保在调查和总结过程中不会产生不受欢迎的偏见或成见。因此，每个参与或知晓情况的个人，都必须考虑到他们所表达的语气和内容以及进一步的传播，避免可能产生不准确的结论，以导致任何个人或成员的名誉受损。必须首先遵守"无罪推论"的原则。

◆ 当选手涉及问题或争议时，除非根据争议解决办公室的明确指示，否则任何人在此过程中的任何阶段都不得与选手就可能牵涉的情况进行沟通（以任何方式）。如果获得许可，则通知选手只能由本成员组织专家、领队、技术代表或技术代表助理之一来进行。在争议解决的过程中，必须允许选手继续其工作。

◆ 竞赛委员会管理团队、道德委员会、首席执行官，以及董事会和指定的代表，在赛事期间时间限制内作出的有关争议的决定类型必须得到认可、承认，并视为在适用范围内。因此，尽管在调查争议时应采取尽可能尽职的调查，但也可能在追溯过程中发现错误。无论在赛事期间或结束后发现任何错误，适用范围决议都将成立，公布的结果仍然保持不变。然而，将对这些发现的错误进行审查，以改进下一届世界技能大赛的方法和流程。参见竞赛规则 11.7.5。

◆ 竞赛委员会管理团队、道德委员会、首席执行官和董事会以及任何其指定的代表做出决策所要求的证据标准，涉及违反项目特定规则、竞争规则或道德与行为准则的争议，将基于或然性权衡。当证据标准基于"超出合理怀疑"的情况下，对争议的调查不可能是无限制的，该标准用于反映适用范围的环境。但是，在评估其可能性时，决策小组将更加严肃地对待，以确保以最有力的指控作为证据作出结论，指控是建立在"或然性权衡"上的。

◆ 支持其主张的举证责任在于与向争议解决办公室提出争议的一方。证据的确认和争议事实的确定将由指定的调查代理人进行。

◆ 出席正式调查或争议会议的人数应当被管理且数量适当，以避免这种情况对直接涉及争议的个人造成威胁。只有在得到争议解决办公室邀请的情况下才能参加该会议。争议解决办公室会在组织会议时告知谁适合或谁不适合参加会议。当争议直接涉及其国家/地区的代表时，行政代表和技术代表均有权出席。此外，当要求选手参加会议时，他们有权由一名领队陪同。

◆ 竞赛委员会管理团队或道德委员会必须在赛事期间就所有案件作出决议。他们的决议是最终的。然而，在涉嫌违反项目特定规则、竞赛规则或道德与行为准则的争议中，如果相关各方认为未能遵照公布的流程来作出决议，那么该问题可能被提交至申诉委员会。在特殊情况下，争议直接提交给首席执行官和董事会解决后，则没有申诉权，他们的决定也是最终决定。

◆ 为了在管理争议时尽量减少任何利益冲突，如果情况发生涉及其本成员组织的某人，决策小组的该成员组织必须立即宣布该情况并实施回避，以允许其他人接替其责任。如果没有其他合格或有经验的成员可以接替他们，争议将由争议解决办公室直接处理。争议解决办公室作为世界技能组织秘书处的扩展机构，独立于各成员。

12.4 流程

以下示意图显示了一般问题与争议解决的工作流程和过程：

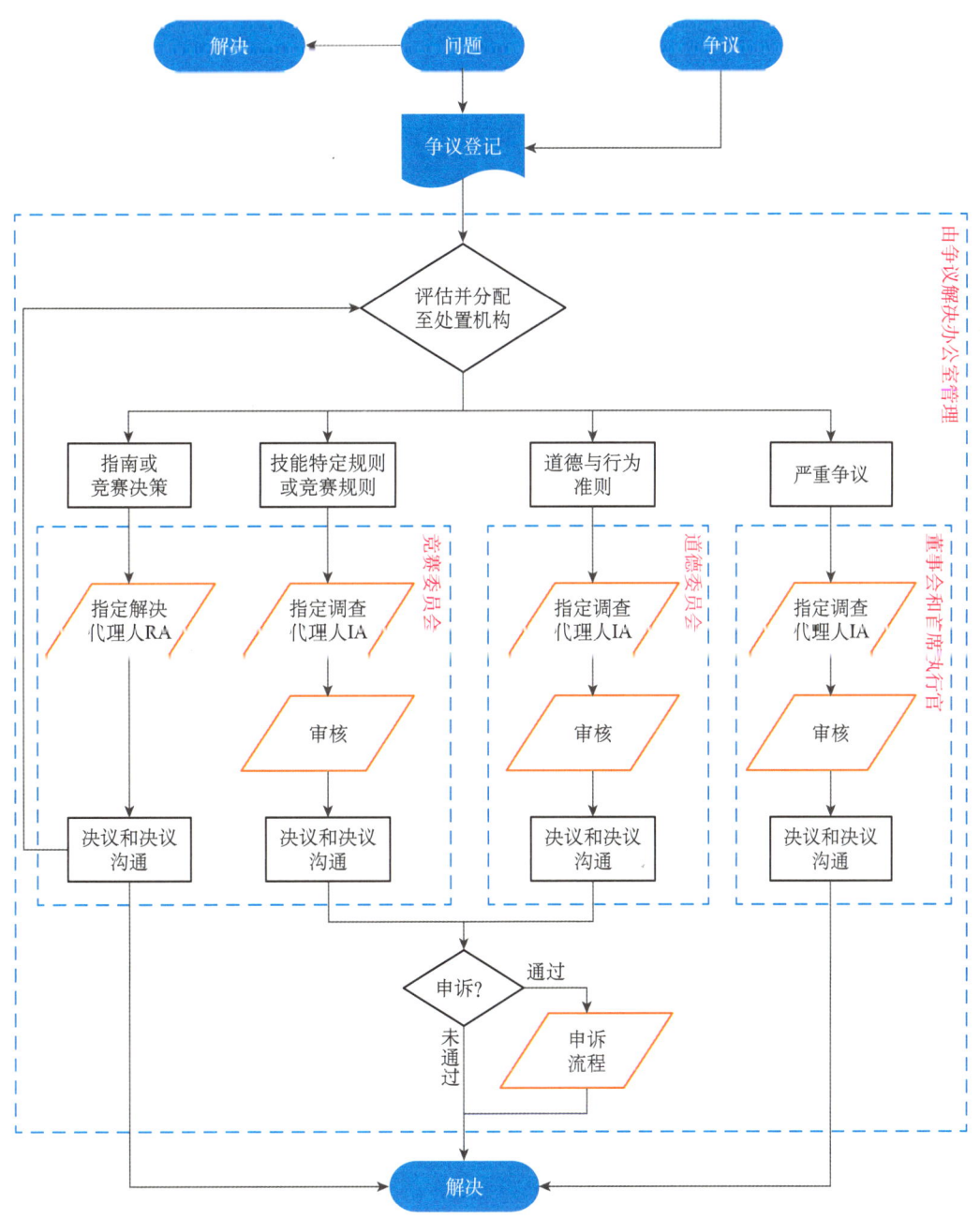

以下流程图是单独的文件，但其为竞赛规则中问题与争议解决的一部分：

- 该流程图详细显示了问题如何升级并形成争议：

    <PROC_SC01_IDR_initiating_a_dispute>.

- 该流程图详细显示和总结了争议是如何分配给竞赛委员会的（A 类和 B 类争议，参见竞赛规则 12.4.1）：

    <PROC_SC02_IDR_manage_disputes_Competitions_Committee>.

- 该流程图详细显示和总结了争议是如何分配给道德委员会的（C 类争议，参见竞赛规则 12.4.1）：

    <PROC_SC03_IDR_manage_disputes_Ethics_Committee>.

- 该流程图详细显示和总结了争议是如何进行申诉的：

    <ROC_SC04_IDR_manage_appeals>.

12.4.1 决议责任和类型

从决议责任角度来看，有四种可能的争议类型：

A. 如果声称出现争议（通过升级表 Escalation Form），虽然认为没有违反项目特定规则、竞赛规则或道德与行为准则，但由于其复杂性，此事仍未得到解决。

B. 声称违反项目特定规则或竞赛规则的，应由竞赛委员会管理团队解决。

C. 声称违反道德与行为准则的，由道德委员会解决。

D. 鉴于问题或争议的性质，要求由首席执行官和董事会解决的情况。

所有争议的初步评估将由争议解决办公室进行。

12.4.2 争议解决办公室

争议解决办公室是一个小而精干的团队（1～3 人），在世界技能大赛管理机构中工作，其职能是监督和管理在赛事期间发生的所有争议。

争议解决办公室将：

- 对所有争议进行初步评估，确定负责解决的机构，并启动程序；
- 作为所有争议的沟通和咨询中心；
- 向与争议有关的所有相关方提供程序性指导；
- 确保相关方知晓争议已经提出并建立；

- 协调并让参与争议的各方代表出席应该参加的会议；
- 就争议情况进行沟通／通报；
- 存档并保留所有争议记录；
- 参照先前应用的处罚案例，确保处罚的一致性。

12.4.3 道德违规的例子

可能为 C 类和 D 类争议（参见竞赛规则 12.4.1），具体可能包括：

- 盗窃（个人物品、竞赛设备、材料或耗材）；
- 欺诈（伪造任何代表／个人的相关信息）；
- 身体暴力或欺凌；
- 不雅的行为；
- 对指定的住宿、场馆，或对任何举行参观有关的场地的刻意损坏；
- 故意在竞赛场地内访问包含色情内容或其他冒犯性内容的互联网网站；
- 滥用有关代表的个人保密信息；
- 对任何代表或公众成员的歧视或骚扰；
- 使世界技能组织形象遭受严重损害（包括不公正地发布损害世界技能组织或其成员及代表声誉的社交媒体）；
- 提供或接受贿赂；
- 因严重疏忽，导致财产损失或损坏，或对任何代表造成人身伤害；
- 在应该积极承担指定的竞赛身份时，因酒精或非法／处方药物而导致无工作能力。

以上信息并非详尽无遗，旨在强调需要由道德委员会处理的情况类型。在争议严重或存在复杂文化情况的特殊情况下，直接由首席执行官和董事会处理。

12.4.4 发起争议解决流程

只有以下世界技能组织认证身份的人员可以直接向争议解决办公室提交需要按争议解决的问题：

- 行政代表；
- 技术代表；

- 首席专家；
- 副首席专家；
- 专家；
- 竞赛项目经理；
- 技能顾问；
- 世界技能组织秘书处和董事会。

要升级该问题并启动争议解决流程，他们会填写一份升级表（Escalation Form）并将其提交给争议解决办公室。

如果选手或领队希望升级问题，必须通过他们的本成员组织专家或技术代表完成此步骤。

当上述职位之一的人员未直接参与该竞赛项目，但观察到了潜在的不当行为并希望就此发起争议时，则此情况最初被归类为"事件（Incident）"。如果他们能够证实他们的声明，可以填写并提交升级表。"事件"最初将由争议解决办公室进行评估，然后再将其转交给指定的决策小组来管理。

如果某人员不在上述职位之中，但他确信已经观察到并能够证实与特定的竞赛项目相关的潜在事件，或世界技能赛事活动中的负面事件，那么他们需要说明他们发现的问题，提供支持证据至相关联的成员技术代表或竞赛项目主管。在联系技术代表的情况下，只有在技术代表同意支持他们所提出的声明时，才需要初步确认和填写升级表。在与竞赛项目主管联系的情况下，争议解决办公室将对其进行审核，然后再同意继续进行。

12.4.5 初步评估和分类

如竞赛规则 12.4.1 所述，所有争议的初步评估将由争议解决办公室进行。争议解决办公室将首先审查升级表，添加争议编号，并将争议分配给适当的决策机构。

对于初步评估需要指导和独立裁决的争议（A类，参见竞赛规则 12.4.1），争议解决办公室将为该争议指定一个解决代理人。

对于所有其他争议（B类、C类、D类，参见竞赛规则 12.4.1），争议解决办公室将委派一名或两名调查代理人代表指定的决策机构开展调查。

在首席执行官和董事会直接管理争议的罕见情况下（D类，参见竞赛规则 12.4.1），他们可以调用任何必要的资源来调查此事。

12.4.6 解决代理人（RA）的角色

解决代理人可以是前任技术代表，也可以是现任竞赛委员会代表领队，借调至争议解决办公室并提供支持，以解决 A 类争议。

12.4.7 争议的解决

解决代理人有权就所提出的特定情况，作出必要的决定及最公平的决议。如果提议对选手的比赛时间（增加或扣除）进行任何调整，则必须经过负责领导竞赛委员会的董事会成员的批准之后方可实施。实施的决议必须与争议解决办公室一起记录，以便作为争议的结果进行记录和传达。

如果在争议解决过程中解决代理人发现了出现违反项目特定规则或竞赛规则的情况，则经争议解决办公室同意，解决代理人可能成为该争议的调查代理人。如果发现可能存在违反道德与行为准则的行为，那么通过争议解决办公室，争议将被提交至道德委员会。

12.4.8 调查代理人（IA）的角色

调查代理人可以是前任的技术代表，或是现任竞赛委员会代表领队，借调至争议解决办公室以提供支持，以解决 B 类、C 类、D 类争议。当与涉嫌、涉及或发起争议的人来自相同的成员组织时，竞赛委员会代表领队不能充当调查代理人。

所有调查代理人的作用是一致和客观的，以便他们能够确定事情的基本事实，并清楚地了解已经发生或未发生的事情。为此，调查代理人应寻找支持任何指控的证据，包括但不限于支持其指控的举证主张，以及可能与指控相抵触的证据。

调查代理人的角色不是证明任何一方存在过错，而是调查和告知事实，假设或仅仅是人们对情况的看法，并将其报告给决策小组。

12.4.9 争议的调查

争议的调查可以采取多种形式，可以在竞赛项目场地内进行，与相关个人交谈、亲眼观察情况，或者与涉及争议的全部或部分人员举行更正式的调查会议。在可能的情况下，调查将包括收集书面文字、图像、视频、计算机数据，或支持及反驳任何指控的任何其他物证。

一旦调查完成，调查代理将提供调查结果的简短书面摘要，并向争议解决办公室和相关决策小组分享。如果可能，他们还将被要求在适当的听证会上与决策小组口头报告和讨论他们的发现。

要求所有涉及争议的人优先向调查代理人提供信息，但要确保允许竞赛项目继续进行。与选手的讨论必须遵守问题与争议解决原则（参见竞赛规则12.3）。

如果未能及时合作，可能导致将信息反馈给决策小组时无法反映所有事实，可能会影响决议结果。

对于B类争议：

◆ 如果竞赛委员会管理团队在调查结束时得出结论，认为没有违反竞赛规则或项目特定规则，但承认仍有问题需要解决，则经争议解决办公室同意，指定的调查代理人可以成为解决代理人，继续帮助达成该问题的最佳解决方法并予以实施；

◆ 如果在调查期间，调查代理人和争议解决办公室认为其复杂程度过高，则通过争议解决办公室，他们可以寻求负责领导竞赛委员会的董事会成员的直接干预，以便进行调查和解决该争议。

12.5　决议、沟通和时间要求

12.5.1　违反了竞赛规则或项目特定规则

竞赛委员会管理团队必须在所有情况下作出决议。该决议应为处罚或取消争议。该决定是最终决定，且争议结束。

当达成决议时，由争议解决办公室在30分钟内通知相关人员和相关技术代表有关结果信息。

理想情况下，这一结果的传达将与所涉及的人员面对面传达，包括他们的技术代表以及行政代表（可选项，如果他们事先提出要求）。但是，为了提高效率，这一结果也可以口头（电话）或通过短信（电话留言系统）发送给技术代表和/或行政代表，以便他们向直接涉及该争议的成员传达。

如果结果包括立即应用的处罚，则这些处罚应包括在向相关技术代表和行政代表传达的结果中。

如果在规定的时间内未提起任何申诉（参见竞赛规则 12.7.4），则争议解决办公室将结果通知相关的竞赛项目管理团队，任何相关的处罚将立即执行。在适当情况下，争议解决办公室还将向该竞赛项目的所有专家通报争议结果。该通报将在竞赛场地内进行（如果有可能的话，将在专家室进行）。

12.5.2 违反了道德与行为准则

道德委员会必须在所有情况下作出决议。该决议应为处罚或取消争议。该决定是最终决定，且争议结束。

在对争议进行调查，以及主席和其他任命的道德委员会成员对该争议进行审查之后，他们可以在此时裁定没有理由继续举行道德委员会听证会，并立即取消该争议。如果是这种情况，道德委员会主席将指示争议解决办公室根据调查中获得的信息，向有关各方告知有关此事被驳回的信息。

如果调查代理人报告中有实质内容，道德委员会主席将通过争议解决办公室与包括相关技术和／或行政代表以及指定的调查代理人等相关人员举行正式听证会。主席将总结调查结果，询问各方的确定性陈述，审议然后宣布结果，维护，或驳回违反"道德与行为准则"的行为。

当道德委员会支持道德违规行为的主张时，主席还将简要陈述向相关个人或成员建议的立即处罚，以及世界技能赛事活动后可能给予的任何处罚。

如果在规定的时间内未提起任何申诉（参见竞赛规则 12.7.4），则争议解决办公室将结果（如果有）通知相关的竞赛项目管理团队，任何相关的处罚将立即执行。在适当情况下，争议解决办公室还将向该竞赛项目的所有专家通报争议结果。如果可以的话，通报将在竞赛项目场地的专家室内进行。

12.5.3 时间

在赛事期间 C3 之前，每天的 18:00 之前收到完成的升级表格后，争议解决办公室会将争议分配给相应的决策机构，并在提交后一小时内分配调查代理人或解决代理人。指定的调查代理人和解决代理人的工作持续时间将取决于争议的复杂程度，但可以假定任何单一调查都不应超过 4 小时连续工作时间，并需要从该期间收集的信息中得出结论。任何听证会或申诉会议的持续时间不得超过 90 分钟。所有争议必须在 C+1 的 10:00 之前完成。

12.5.4 每日沟通摘要

在赛事期间，争议解决办公室应向所有技术代表和行政代表发送当天 18:00 之前登记的所有争议的摘要情况。摘要将指出争议编号、相关竞赛项目，是否是道德或基于竞赛的争议，以及该争议结果的持续状态。

摘要以外的详细信息应对世界技能组织和直接涉及的人员保密。但是，在竞赛结束后，可以记录争议并删除姓名，并将其用作专业开发和培训的场景。

12.6 处罚

"道德规范与行为处罚制度"涵盖了违反"道德与行为准则"的处罚，该规范涉及竞赛规则和项目特定规则。以下内容来自本处罚制度，请参阅道德与行为准则，以了解可能适用的全套处罚制度。

如果竞赛委员会管理团队得出结论，违反了项目特定规则或竞赛规则，则可以适用以下最高处罚。

◆ 如果选手违反了项目特定规则或竞赛规则，选手成绩将被判定为 600 分，或者比所有竞赛项目中得分最低选手的成绩低 5 分，以最低者为准。在官方结果最终确定之前，将对受处罚的选手成绩进行调整。选手可以选择继续或退出竞赛。

◆ 如果专家违反了项目特定规则或竞赛规则，则对该专家的处罚为驱逐出竞赛项目场地，并且不得与其选手继续联系。根据违规类型，也可以从 CIS 中删除该专家的评分。如果违规或与此有关的决定发生在 C4 当天，并且认为此时驱离该专家影响很小或没有影响时，也可以考虑对与该争议有关的成员组织予以处罚。

◆ 如果任何其他经过认证的人员违反了项目特定规则或竞赛规则，则对其处罚为驱逐出任何竞赛场地，不得与其选手和/或专家继续联系。

在决定适用的确切处罚之前，竞赛委员会管理团队和道德委员会将寻求调查代理人的建议，因为他们更深入地了解争议的情况。同样，争议解决办公室将依据先前在类似争议中应用的处罚提出建议。

处罚的实施

与争议解决有关的处罚（不违反项目特定规则或竞赛规则，或违反道德与行为准则），只有经负责领导竞赛委员会的董事会成员批准的情况下，方可实施（以便所有竞赛项目之间保持一致性）。

与解决违反项目特定规则或竞赛规则的争议有关的处罚，提交至负责领导竞赛委员会的董事会成员的，只有经竞赛委员会管理团队批准后才能实施（以便所有竞赛项目之间保持一致性）。

与解决违反道德与行为准则的争议有关的处罚，升级到道德委员会的，只有经董事会和首席执行官批准才能实施（以便各组织之间保持一致性）。

在选手被处以扣分处罚的情况下，他们的成绩不得从官方结果中删除。

争议解决办公室还将为相应的世界技能组织人员或部门提供便利，以确保任何处罚得到立即实施，并且将记录任何在世界技能大赛之后可能需要采取的进一步的处罚或制裁。

12.7 申诉流程和时间

12.7.1 申诉的范围

向申诉委员会提出的申诉，只能就问题与争议解决程序，而不是结果或作出的决议。申诉委员会不能改变竞赛委员会管理小组或道德委员会的决议，只能决定在赛事期间时间限制的情况下，是否遵循其规定流程中的所有步骤。如果申诉委员会确定该流程没有得到充分遵守，那么他们可以要求的唯一结果是争议返回竞赛委员会管理小组或道德委员会，以便其重新进行任何被认为不完整的步骤。

12.7.2 谁可以申诉？

只有相关成员组织的技术代表或行政代表才能代表直接参与初始争议的人员提出申诉。

12.7.3 流程

对完成的申诉表进行初步审查，申诉委员会可以根据提交的信息决定提起申诉的理由不成立。如果出现这种情况，申诉委员会将指示争议解决办公室就申诉情况告知各方，基于他们在表格上提供的信息，该申诉被取消。各方不得再次提交申诉表（Appeal Form）。

如果申诉委员会认为申诉理由可能成立，那么争议解决办公室将启动申诉听证会。

如果申诉委员会确定该流程不公平或不完整，则争议将返回竞赛委员会管理小组或道德委员会。

12.7.4　时间

申诉表格由申诉人填写（参见竞赛规则 12.7.2），要求在争议解决办公室将争议的决定告知申诉人后一小时内完成填写。

如果申诉在 18:00 之前登记，申诉委员会必须在登记申诉后一小时内举行会议。否则，将在第二天早上 08:00 开会。必须在会议后一小时内作出决议。

12.8　记录保留和结果

12.8.1　记录保留

竞赛项目中解决的问题应由竞赛项目管理团队记录，并体现在下一版本该竞赛项目的文档、知识管理和流程中。

争议解决办公室负责管理和收集与其注册的任何争议相关的所有信息、文档、通讯和决议。

12.8.2　结果

C+1 当天，在向技术代表们和行政代表们公布正式结果之前，竞赛项目主管负责确保所有影响结果的处罚得到实施。

12.9　道德委员会和申诉委员会的任命

12.9.1　人员库

指比赛前 6 个月，董事会从现任的行政代表、名誉成员或具有适当经验的人员中进行选择，组成的人员库。

12.9.2　道德委员会

道德委员会由一名主席和至少一名、最好是两名其他人员一同组成。

主席应由董事会任命。此人在比赛中唯一的角色是担任道德委员会主席。理想情况下，主席应有世界技能大赛工作经历并承担过此类工作。具备法律工作背景的人士优先。

对于每项争议，道德委员会主席将从人员库中选出至少一名其他人员，以确保不存在针对成员的偏见，并且确保他们不涉及正在调查的决议的任何方面。

12.9.3 申诉委员会

申诉委员会由一名主席和至少一名、最好是两名其他人员一同组成。

主席应由董事会任命。

对于每项申诉，申诉委员会主席将从人员库中选出至少一名其他人员，以确保不存在针对成员的偏见，并且确保他们不涉及正在申诉的决议的任何方面。

⑬ 宣传／通讯

13.1 竞赛主办方

13.1.1 向媒体提供信息

竞赛主办方负责向当地及全球媒体发布信息。所有文件必须遵守竞赛办赛指南的要求，文件包括主办成员组织、竞赛主办方，以及世界技能组织的相关信息。所有文件和发布稿，必须在获得世界技能组织批准之后方可对外发布。

13.1.2 向成员组织提供信息

在大赛前，主办方必须向其他成员组织定期提供竞赛准备工作的详细信息，还应包括有关主办成员组织的概况、教育系统、工业概况与文化等信息。

13.1.3 向参观者提供信息

竞赛主办方负责为大赛的参观者提供各项信息。

13.2 成员组织传媒活动

各成员国家或地区自行决定各自的传媒活动（营销、媒体和公共关系）。但主办方应给予各成员组织协助，协助的内容应与主办方与世界技能组织之间达成的谅解备忘录保持一致。

13.3 摄像与摄影

13.3.1 媒体

竞赛之前

竞赛之前，任何人员严格禁止在大厅/建筑中或比赛场地摄像或摄影，世界技能官方媒体人员除外。

比赛期间

比赛中，在竞赛场地内摄像或摄影，需要得到负责竞赛项目的竞赛项目经理许可。如果需要，还需经负责领导竞赛委员会的董事会成员或竞赛项目主管同意。

竞赛期间在竞赛结束之前，严格禁止对测试项目或项目内容进行摄像或摄影，也禁止与选手就此进行讨论。世界技能大赛官方媒体人员除外。

出于个人用途，参观者可以对竞赛项目进行摄像和摄影。他们不得与竞赛场地内的任何人沟通。

13.3.2 其他认证的人员

竞赛之前

技术说明中的项目特定规则规定了在竞赛开始之前可否在场地或工作区域摄像或摄影。得到负责领导竞赛委员会的董事会成员、首席执行官、竞赛项目主管、营销与传媒主管同意的例外。

比赛期间

技术说明中的项目特定规则规定了在竞赛期间可否在场地或工作区域摄像或摄影。

⑭ 健康、安全与环境

14.1 竞赛主办方

竞赛主办方必须为本赛事活动制定健康与安全文档。竞赛主办方负责确保所有的基础设施、设备和装置都符合主办国家或地区的相关法规，以及针对每个竞赛项目的世界技能健康、安全与环境政策和条例。

14.1.1 培训和实施

竞赛主办方必须和竞赛项目管理团队联系，以向专家、选手和所有其他可能进入场地的人员提供安全竞赛所需的信息和培训。

14.1.2 健康、安全与环境协议

培训完成后，在使用任何场地设备前，所有接受过健康、安全及环境培训的人员必须在健康、安全及环境协议上签字。竞赛主办方的健康、安全及环境代表也需会签该表。

所有认证人员必须在任何时间遵守以下规定，包括竞赛结束后的打包期间。

- 竞赛主办方指定的健康、安全与环境规范；
- 竞赛项目的世界技能健康、安全与环境政策和条例；
- 每项竞赛项目都有自己的世界技能健康、安全与环境政策和条例。

14.1.3 质量审核

健康、安全与环境检查团队进行质量审核，应考虑到这些竞赛的健康、安全与环境要求。

14.2 成员

如果成员组织的国家或地区健康、安全与环境规范比大赛主办方的更高或更严格，在竞赛期间其国家或地区更高或更严格的规范适用于该成员组织。

14.3 技术代表

技术代表负责确保本成员组织所有选手和专家在赛前获知大赛主办方的健康、安全及环境规范，以及世界技能组织的健康、安全及环境政策和条例的相关信息。

14.4 专家

如果成员组织的国家或地区健康、安全与环境规范比竞赛主办方的更高或更严格，在竞赛期间，该成员组织的国家或地区专家应要求其选手遵照其本国家或地区的规范。

14.5 竞赛项目管理团队、专家、场地经理

竞赛项目管理团队、专家和场地经理负责规划和运行竞赛项目，需遵照：

- ◆ 主办国家或地区法规；
- ◆ 他们所在成员国家或地区的特定法规（如果比主办国家或地区更严格）；
- ◆ 世界技能健康、安全与环境政策和条例中的健康、安全与环境要求；
- ◆ 技术说明中的技能特定要求。

他们还负责确保专家、选手和其他人员遵守上述规定。

14.6 世界技能组织秘书处

世界技能组织秘书处必须制定并维护各个竞赛项目的健康、安全及环境政策和条例。文档必须包括准确信息，包括选手带至竞赛现场的手用电动工具检测及许可。完整的健康、安全及环境文档应在赛前6个月在网站上公布。

14.7 审核团队

负责健康、安全与环境的团队将按照竞赛规则实施质量审核。

14.8 可持续发展

14.8.1 政策与程序

大赛所有的相关活动必须遵循世界技能组织的可持续性政策，该政策阐明可持续性的"5R"原则——降低、循环、再利用、重组及再生。

14.8.2 世界技能组织秘书处

世界技能组织秘书处负责在所有世界技能组织发起的倡议中实施可持续的主要原则。

14.8.3 竞赛主办方

竞赛主办方负责在采购大赛基础设施、确定竞赛场馆，及制定餐饮、住宿等接待方案时，遵照可持续的主要原则和倡议。

14.8.4 技术代表

技术代表们必须确保在竞赛项目的形式、选手自带或竞赛主办方提供的设备等方面，支持可持续性原则和倡议。

14.8.5 专家

专家们负责根据可持续性原则和倡议，对竞赛项目进行规划和运行实施，包括竞赛项目的开发、测试项目设计和所需的基础设施准备。

15 试点项目

设计的试点项目旨在改善世界技能大赛的某个方面。试点项目由竞赛委员会商定和指定，在下一届世界技能大赛中小规模试验（试点），然后根据先前制定的标准进行审查。

试点项目的目的在于在小范围内测试以改进某个想法（有限制地暴露），以确定该想法是否应该在整个竞赛范围内采用。

任何一位技术代表都可以向竞赛委员会管理团队提出试点项目建议，然后将其提交给竞赛委员会工作组进一步开发，最后将该提案提交至竞赛委员会以供批准。如果被接受，该提案将在下一届世界技能大赛中进行试运行。

竞赛结束后，试点项目及其结果将由相关技术代表和竞赛委员会管理团队进行审核。结果和建议将提交给竞赛委员会，该委员会再向全体成员大会提出建议。

附录

大赛重要事件和时间线

缩写	人员身份
CO	竞赛主办方
M	成员
OD	行政代表
TD	技术代表
CEO	首席执行官
DSC	竞赛项目主管
CCL	负责领导竞赛委员会的董事会成员
SCM	竞赛项目经理
SMT	竞赛项目管理团队
CE	首席专家
DCE	副首席专家
E	专家
C	选手
WM，WSM	场地经理、场地领域经理

竞赛规则

截止时间	任务	有关组织/人员													
		竞赛主办方	成员	行政代表	技术代表	首席执行官	竞赛项目主管	负责领导竞赛委员会的董事会成员	竞赛项目经理	竞赛项目管理团队	首席专家	副首席专家	专家	选手	场地经理、场地领域经理
赛前22个月	竞赛项目主管将通知每名技术代表，就被提名担任下一届竞赛项目首席专家和副首席的其本成员组织专家相关事宜进行沟通，并征询初步意见		●				●								
竞赛前21个月	下一届的竞赛项目经理由世界技能组织任命。通过候选人自愿并表达兴趣，在赛后立即启动申请流程						●		●						
赛前21个月至赛后1个月	在此期间，竞赛项目经理与竞赛主办方和竞赛项目主管协同工作	●					●	●	●						
赛前15个月	预临时注册														
赛前14个月	世界技能组织征询，各技术代表是否同意其专家被任命为首席专家和副首席专家				●		●								
竞赛前12个半月	批准的首席专家、副首席专家名单应在赛前12个月的竞赛委员会会议之前公布														
大约赛前12个月	全体成员大会														
竞赛前12个月	竞赛委员会批准选手年龄限制的例外情况，以及全体成员大会批准的截止时间		●												
竞赛前12个月	技术说明在网站上以英语形式公布								●	●					

续表

截止时间	任务	有关组织/人员													
		竞赛主办方	成员	行政代表	技术代表	首席执行官	竞赛项目主管	负责领导竞赛委员会的董事会成员	竞赛项目经理	竞赛项目管理团队	首席专家	副首席专家	专家	选手	场地经理、场地领域经理
竞赛前12个月	临时注册						●								
竞赛前12个月	选定在世界技能大赛中举行的竞赛项目，由负责领导竞赛委员会的董事会成员、世界技能组织首席执行官和竞赛项目主管以及竞赛主办方的技术主管进行	●				●	●	●							
竞赛前12个月之后1星期	向成员组织通知最终选定举行的竞赛项目清单						●								
竞赛前12个月	成员为其选定的竞赛项目进行临时注册的截止日期		●	●											
竞赛前12个月	竞赛主办方向各成员提供认证接待套票方案（由首席执行官开发）	●				●									
赛前12个月或选用（或团队）名单公布前，二者以先到为准	场地（领域）经理和竞赛项目经理必须中止所有对本成员组织选手或团队的项目相关培训										●				●
赛前9个月	必须提供专家和技术代表的详细信息（以确保其参与竞赛项目的开发和准备，例如论坛）		●		●										

续表

截止时间	任务	有关组织/人员										
		竞赛主办方	成员	行政代表	技术代表	首席执行官	竞赛项目主管	负责领导竞赛委员会的董事会成员	竞赛项目经理	竞赛项目管理团队	首席专家	副首席专家	专家	选手	场地经理、场地领域经理
赛前9个月	成员们注册专家的截止时间，否则该专家能否参与竞赛的准备和评测由竞赛项目管理团队自行决定		●												
赛前9个月	竞赛主办方必须向所有的技术代表和专家提供每个竞赛项目的基础设施清单中关于机床、设备和工具的详细信息	●													
大致赛前8个月至赛前6个月	竞赛准备周（CPW）会议														
大致赛前8个月至赛前6个月	场地经理和竞赛项目经理在竞赛准备周期间最终确定基础设施清单								●						●
竞赛前6个月	所有的健康安全和环境规范文件在网站上公布	●					●	●							
竞赛前6个月	道德委员会（主席和两名代表）被任命。这两名代表来自现任行政代表、名誉成员或董事会任命的具有适当经验的人士														
赛前6~3个月	予以公布的测试项目正式发布						●	●							
赛前3个月	成员组织确保新任专家完成准入计划的两个必修培训模块		●										●		

续表

截止时间	任务	有关组织/人员											
		竞赛主办方	成员	行政代表	技术代表	首席执行官	竞赛项目主管	负责领导竞赛委员会的董事会成员	竞赛项目经理	竞赛项目管理团队	首席专家	副首席专家	专家	选手	场地经理、场地领域经理
赛前4个月	确定性注册	●													
赛前4个月	成员组织最终确定注册将参加的竞赛项目,未经竞赛主办方和世界技能组织竞赛项目主管许可,不得更改	●	●				●								
赛前4个月	翻译随机分配至成员组织的参赛项目中						●								
赛前3个月	负责领导竞赛委员会的董事会成员以及竞赛项目主管批准的截止时间,决定是否为选手的5~8小时的场地设备熟悉时间进行延长						●	●	●						
赛前2个月	提供选手、领队、翻译、行政代表、行政观察员详细信息的截止时间	●													
赛前2个月	开始提名、选举和批准首席专家和副首席专家														
赛前1个月	所有的专家、选手和代表必须完成培训,在其专家、选手和代表中心的任务完成情况为100%		●	●	●								●	●	
C-4至C-1	准备时间								●				●	●	●
C-4至C-1	专家最终确定测试项目,并组织将其翻译为本成员组织选手选定的语言												●	●	
C-4至C-1	专家们的强制性评测培训								●				●		

续表

截止时间	任务	竞赛主办方	成员	行政代表	技术代表	首席执行官	竞赛项目主管	负责领导竞赛委员会的董事会成员	竞赛项目经理	竞赛项目管理团队	首席专家	副首席专家	专家	选手	场地经理、场地领域经理
C-3	专家决定30%变更的截止时间（对于提前予以公布的测试项目）								●				●		
C-2	熟悉竞赛场地和设备								●				●	●	●
C-2至C4	工具箱检查								●				●	●	
C-1	技术代表确保所有经过认证的人员在代表中心的任务完成情况为100%				●										
C-4至C+1	场地经理全程在竞赛场地														
C1	竞赛项目管理团队以书面形式向负责领导竞赛委员会的董事会成员申请调整评测步骤的截止时间						●	●		●					
C1至C4	观察员、媒体和普通公众访问竞赛场馆														
C2	非模块化测试项目的竞赛项目首席专家提出申请，以获得竞赛项目经理的批准，然后获得负责领导竞赛委员会的董事会成员以及竞赛项目主管的批准，以延长竞赛时间的截止时间						●	●	●		●				
C2、C3、C4	前一天（C1到C3）的子项标准成绩录入竞赛信息系统，批准，以及专家在中午12点前签署评分同意表										●	●	●		

续表

截止时间	任务	有关组织/人员											
		竞赛主办方	成员	行政代表	技术代表	首席执行官	竞赛项目主管	负责领导竞赛委员会的董事会成员	竞赛项目经理	竞赛项目管理团队	首席专家	副首席专家	专家	选手	场地经理、场地领域经理
C4，22:00	C4的子项标准成绩录入CIS										●	●	●		
C+1，10:00	C4的子项标准成绩由专家们批准并签字确认										●	●	●		
C4	专家们对分数录入接受表进行签字确认										●	●	●		
C4，18:00	对下届首席专家和副首席专家的选举开始						●	●					●		
C4，22:00	完成测评和将分数录入CIS的工作								●						
C+1，10:00	必须将签字的分数录入同意表提交CIS								●						
C+1	竞赛项目主管确保所有影响结果的处罚措施已经应用，然后将结果分发给技术代表和行政代表，以便在全体成员大会之前进行检查						●								
C+1	竞赛委员会确认结果			●				●							
C+1，14:00	对下届首席专家和副首席专家的选举结束						●	●					●		
C+1，14:00（实际时间以各项目需求为准）	副首席专家需要确保项目技术说明的所有变更已完成，并得到至少80%专家的同意和签字确认，并将电子版提交至秘书处											●			

IV 道德与行为准则

1 概述与影响

1.1 范围

世界技能组织旨在展示技能价值，提升世界范围内对技能专业人才的认同。技能是现代生活的基础。任何事物，从家庭到社会，无不是专业技能人才工作的成果。这些专业技能人才和其代表的培训体系，是事业成功、企业兴盛、行业繁荣及经济发展背后的动力。

在全球经济中，这样的成功源于社会经济的可持续发展。世界技能组织负责在六个关键领域作出贡献，即研究、技能推广、职业发展、教育和培训、国际合作与发展和技能大赛。

世界技能组织承认并坚持其成员、官员、工作人员和合作伙伴必须承担的特殊责任，为来自不同文化、社会和经济背景的学生和年轻专业人士树立榜样。在成为成员、合作伙伴或与世界技能组织建立合作关系时，所有个人和组织都应尊重和实践被统称为"世界技能组织道德与行为准则"的生活价值观和政策。

◆ 道德准则定义了世界技能组织价值观和道德基础。

◆ 行为准则定义了如何在组织的日常工作中宣传和执行道德行为。

◆ 本准则适用于世界技能组织的所有运营，包括与同事、成员和利益相关方之间的内部和外部交易，并规定了世界技能组织所期望的任何个人的最低行为标准，无论是代表世界技能组织还是世界技能组织品牌，或以其他任何身份代表世界技能组织。

◆ 世界技能组织的工作覆盖六个关键领域，每个领域都有具体的行动计划和时间表。

1.2 影响

在制定新文件、政策、程序或规定时，包括竞赛规则，制定者必须参考本道德与行为准则来确保其在理念和运营方面遵守所有相关标准。

1.2.1 愿景

通过技能的力量让世界更美好。

1.2.2 使命

提升人们对技能的认识，强调技能对经济发展和个人成就的重要性。

1.2.3 定位

卓越技能和发展的国际中心。

❷ 道德准则

道德准则包括世界技能组织的价值、道德基础以及适用群体。

2.1 价值观和道德基础

世界技能组织的核心价值观是多元、卓越、公平、创新、公正、合作与公开。

走过多年的历史，世界技能组织通过竞赛这一核心业务，已经立足于一种价值驱动文化来促进卓越、带动技能发展，将高标准的表现作为社会所有成员的目标。因此，这些标准如今是对支持或代表世界技能组织品牌和身份的所有成员的最低预期标准。

2.2 范围

本准则适用于世界技能组织的所有运营人员，包括与同事、成员和利益相关方之间的内部和外部交易，并规定了世界技能组织所期望的任何个人的最低行为标准，无论是代表世界技能组织还是世界技能组织品牌，或以其他任何身份代表世界技能组织。总体来说，这意味着本道德准则适用于任何获得合理授权参加世界技能组织全体会议或竞赛的任何个人，包括但不限于董事会、成员代表、行政观察员、观察员、赞助商和合作伙伴代表、世界技能组织冠军联络组织代表、专家、领队、技术翻译、培训人员、参赛者、赞助商、合作伙伴、志愿者、秘书处和扩展的秘书处、竞赛主办方、投票代表团成员以及世界技能组织基金会受托人。

2.3 致力于人权

世界技能组织期望其成员及合作伙伴遵守以下行为规定：

- ◆《世界人权宣言》

  www.un.org/en/universal-declaration-human-rights/

- ◆《公民权利和政治权利国际公约》

  www.ohchr.org/EN/ProfessionalInterest/Pages/CCPR.aspx

- ◆《经济、社会和文化权利国际公约》

  www.ohchr.org/EN/ProfessionalInterest/Pages/CESCR.aspx

- ◆《国际劳工组织关于工作中基本原则和权利的宣言》

  www.ilo.org/declaration/thedeclaration/lang--en/

- ◆《变革我们的世界：2030 年可持续发展议程》

  https://undocs.org/A/RES/70/1

- ◆ 联合国妇女署"他为她"活动

  www.heforshe.org/

2.4 环境

健康的环境对所有人来说都至关重要。世界技能组织致力于降低我们所有行为和运营对环境的影响，并在与成员及合作伙伴就六个关键领域合作时将环境价值观融入流程和关系中。

2.5 国际社会成员

世界技能组织认为自身是一个不断变化的国际社区的成员，并以积极的态度、前瞻性的视野来接受其承担的责任，但也意识到其只能负责具有完全控制能力的领域。世界技能组织将努力与其他具有同样价值观和高标准的组织联系，建立合作伙伴关系，并在其运营的所有领域内努力影响他人。

❸ 行为准则

行为准则阐明了世界技能组织将如何在组织的日常工作中推广和执行道德行为。

3.1 简介

本准则提供有关世界技能组织在全球运营中道德行为的确切说明，其中将世界技能组织社区的文化、社会和经济多样性考虑进去。

3.2 范围

本准则适用于代表世界技能组织、世界技能组织品牌或以任何形式的组织来代表世界技能组织的所有人。本准则是董事会、秘书处、成员代表和员工在其日常工作、交流和决策中应遵守的指南。所有代表世界技能组织品牌及运营的人都必须致力于遵守最高标准，根据世界技能组织的核心价值观和道德准则行动，并推广及宣传这些价值和准则。成员组织及其代表必须意识到其在向所有利益相关方推广世界技能组织运营和理念时发挥着特殊的作用。

本准则对世界技能组织运营的价值表现在其可以营造并引导一个强化版的环境，在这个环境中发展诚信、透明、公正、合作及创新的文化。

3.3 道德原则

作为一个成员组织，世界技能组织将在其管理机构规定的政策和优先事项框架内，与所有个人、国家和地区、营利及非营利组织和机构、政府（行政管理机构）和国际机构合作。此外：

- ◆ 世界技能组织承诺在与任何合作伙伴的合作关系中相互开放、诚实和可靠；
- ◆ 世界技能组织将诚实、忠诚及高效地履行其职责，尊重其成员及同事的人权、专业权和隐私权；
- ◆ 在世界技能组织的工作中无任何政治和宗教的偏向；

- 世界技能组织将以透明、具有建设性的方式来解决争议，并尊重受影响的人的人权、专业权和隐私权，且只有在符合全球发展的利益时才会透露细节；
- 世界技能组织在任何活动中都不容忍骚扰或性骚扰行为；
- 世界技能组织只会接受不影响其自由，彻底、客观解决任何争议的赞助，且符合品牌的最佳利益；
- 世界技能组织不会容忍任何形式的贿赂和腐败，世界技能组织将在所有合作的人中推广一种价值驱动文化来培养和维持信任机制；
- 世界技能组织将与受到新政策直接影响的成员积极沟通；
- 世界技能组织将在为项目或服务交付作出承诺时，保持最高的诚信标准。

3.4 实践指南

3.4.1 基本行为标准

世界技能组织意识到不同角色的人经常有不同的行为方式。以下为世界技能组织董事会、秘书处成员及授权人员应遵守的基本行为标准。所有其他代表世界技能组织或世界技能组织品牌的人应根据其在世界技能组织中的角色和环境来解读这些标准，并在类似的环境中指导其自身的行为。

世界技能组织鼓励成员国家和地区、利益相关方和合作伙伴根据自身情况来使用这些行为标准。

3.4.2 董事会和首席执行官

董事会成员及首席执行官应同意遵守以下 7 项公共生活原则，这些原则由公共生活标准委员会制定。语言已经根据世界技能组织的要求进行调整，具体如下：

1. 无私

董事会成员和首席执行官应时刻基于世界技能组织的品牌利益而行动，不得出于为其自身、家庭或朋友获取财务或其他利益的目的而采取任何行为。

2. 正直

董事会成员和首席执行官不得为任何可能会影响其履行职责的外部个人或组织承担任何财务或其他责任。

3. 客观

董事会成员和首席执行官在运营世界技能组织时必须根据业绩价值进行决策，包括职位任命、合同授予和个人奖励及荣誉推荐。

4. 责任

董事会成员和首席执行官对他们的决定和行动向其成员和利益相关方负责，并接受与其职业相对应的任何监督审查。

5. 公开

董事会成员和首席执行官在进行所有决定和行为时应尽可能公开。除非可能会影响个人、成员或利益相关方的诚信或隐私，否则决策原因通常应公布。

6. 诚信

董事会成员和首席执行官应公开其与世界技能组织职责相关的任何个人利益，且以保护世界技能组织品牌的方式，采取措施解决冲突。

7. 领导力

董事会成员和首席执行官应以身作则来推广并支持这些原则。

3.4.3 秘书处

◆ 秘书处成员应尊重和体谅彼此及合作的其他人，对世界技能组织的多样性保持敏感，包括文化背景的差异，例如性别、区域、宗教、残疾情况、家庭状况和性取向方面的差异。

◆ 秘书处成员将公开、配合地相互沟通和协商，以帮助他们忠实有效地履行职责和责任。秘书处成员在处理个人信息时应尊重其同事的隐私和个人生活。

◆ 世界技能组织承诺在作出任何可能会影响某秘书处成员的决定前，应与该秘书处成员进行充分的沟通。

3.4.4 其他认证的人员

世界技能组织认可担任世界技能组织职务的人都是由成员根据其在世界技能大赛中的责任和团队表现来选择的。但是，这些人必须履行对世界技能组织的责任，确保技能竞赛的准备和实施符合竞赛规则和道德行为准则的要求，其中包括对每位参赛者及工作人员的诚实、正直和关心，这在誓词中有体现。

因此，任何试图以违反道德与行为准则或竞赛规则的方式来影响或操控比赛结果的被任命或认可的人员，不仅将损害其个人的名声，也会损害其团队、成员国家或地区和世界技能组织的声誉。这些行为可能会对其个人及成员组织在当届及后续竞赛中的参赛情况造成严重的影响。具体参见道德与行为准则3.6。

3.5 其他行为因素

3.5.1 遵守法律
世界技能组织将在举办活动时遵守所有适用法律法规，并确保对员工进行合理的培训，将潜在的法律风险最小化。

3.5.2 商业信誉
世界技能组织将致力于成为优秀的企业公民，并履行其对其经营所在地社会和社区的责任。

3.5.3 财务独立
世界技能组织不会接受可能会影响组织独立性或声誉的赞助。为了达到这个目的，世界技能组织将：

- 只接受认可世界技能组织目标和价值观的捐赠者提供的资源；
- 在公共领域、私人领域、基金会及慈善组织和个人渠道提供的资源中寻求平衡；
- 在上述类别中寻求众多捐赠者；
- 不在影响世界技能组织独立行为、从事与其使命不一致的活动的情况下接受任何捐赠资源。

3.5.4 款待、礼物、文化信誉及反腐败

- 世界技能组织认可"接待"和"款待"这两个术语在不同文化中有着不同的含义和应用。在举办包括接待和饮食的活动时，世界技能组织尊重主办方的文化，但鼓励规划活动时注意经济节俭和简朴。
- 世界技能组织了解并欢迎表演艺术，因为表演艺术的卓越反映了世界技能组织在自身活动中支持的卓越精神，且为达到表演艺术付出的努力也与我们致力

培养的文化吻合。我们欢迎能够突出表演艺术家才能和成就的表演，而不是将重点放在观众的奢华或奢侈享受上。

◆ 同样地，世界技能组织认可在许多成员的文化中，馈赠接收礼物是建立关系、体现尊重对方的一个重要方面。因此，世界技能组织允许这种做法，前提是交换礼物发生在个人交流之间，并且本质上是适度并能反映给予者文化的。例如，在一个竞赛场地中的专家们交换礼物，表达专业情谊。

◆ 世界技能组织非常不鼓励向大型团体或会议与会者大规模提供礼物。

◆ 在任何情况下都明确禁止提供旨在或可能被视为企图获得青睐或影响决策的昂贵礼物，以及奢华款待、餐饮膳食、旅行券或承诺住宿。

◆ 世界技能组织要求在其自身活动的各方面体现出诚信和公正，遵守本道德与行为准则的所有规定，并期望有合作关系的组织或个人能够体现同样的标准。

◆ 无论是实际的还是想象的，世界技能组织不容许任何形式的贪污、贿赂。

3.5.5 风险管理和数据保护

◆ 世界技能组织将针对所有运营领域执行风险管理战略，并实施程序来保护并维持品牌诚信和声誉。

◆ 世界技能组织将建立自身数据完整性标准，并遵守其每个活动举办地的数据保护相关规定。

3.6 后果、制裁和处罚

如果世界技能组织代表蓄意、预谋或公然违反此处规定的行为标准，那么世界技能组织可能会实施以下各种制裁或处罚。

董事会有权直接或通过其官员来决定：

◆ 应实施的制裁或处罚；

◆ 该制裁或处罚的生效日；

◆ 该制裁或处罚的持续时间。

在各种情况下，官员应根据"证据确凿"的原则来评判，且应遵守这些道德准则和自然正义原则，并始终寻求集体责任和个体公正之间的平衡。

在指定情况中，可以实施各种不同的制裁或处罚，其中包括但不限于：

- 口头或书面谴责；
- 停止参加某项竞赛、活动或全体成员大会；
- 驱逐出某项竞赛、活动或全体成员大会；
- 对成员组织的财务处罚；
- 取消所有或部分成员待遇；
- 撤销参加某招标流程的权利；
- 在极端情况下，向全体成员大会建议取消其成员资格（参考章程4.6）。

董事会可以确定并将其处罚或制裁权指派给道德委员会或其他相关委员会，并确定该委员会的权力范围及推荐权。

当前司法管辖范围

（涉嫌）违反技能竞赛相关规则的行为应在竞赛委员会内解决。

在竞赛中发生的（涉嫌）违反技能竞赛相关道德与行为准则的行为（不归竞赛规则管辖）应由听证委员会解决。

（涉嫌）违反道德与行为准则的行为（包括在竞赛中发生但与技能竞赛无关的行为）应由董事会和/或道德委员会解决。